建设组织化的小农可持续农业发展模式

刘海波 等 著

中国社会科学出版社

图书在版编目(CIP)数据

建设组织化的小农可持续农业发展模式 / 刘海波等著. —北京:中国社会科学出版社,2017.12
ISBN 978-7-5203-1032-1

Ⅰ.①建… Ⅱ.①刘… Ⅲ.①农业可持续发展—研究—中国 Ⅳ.①F323

中国版本图书馆 CIP 数据核字(2017)第 231941 号

出 版 人	赵剑英
责任编辑	冯春凤
责任校对	张爱华
责任印制	张雪娇
出 版	中国社会科学出版社
社 址	北京鼓楼西大街甲 158 号
邮 编	100720
网 址	http://www.csspw.cn
发 行 部	010-84083685
门 市 部	010-84029450
经 销	新华书店及其他书店
印 刷	北京君升印刷有限公司
装 订	廊坊市广阳区广增装订厂
版 次	2017 年 12 月第 1 版
印 次	2017 年 12 月第 1 次印刷
开 本	710×1000 1/16
印 张	9
插 页	2
字 数	125 千字
定 价	48.00 元

凡购买中国社会科学出版社图书,如有质量问题请与本社营销中心联系调换
电话:010-84083683
版权所有　侵权必究

目 录

建设组织化的小农可持续农业发展模式 …………… 刘海波（1）
  引言 一位典型中国农民生产生活的素描 …………（1）
 一 中国传统小农经济的特点与改造的迷途 …………（6）
  （一）为什么农业生产宜于家庭经营 ………………（7）
  （二）中国农业的精耕细作、生态循环传统及其
     传承 ……………………………………………（9）
  （三）生态循环农业必然是多种经营的小农农业 …（20）
  （四）劳动生产率、土地产出率与土地经营规模 …（23）
 二 食品安全优良与农业模式 ……………………………（25）
  （一）中国人食品安全的关注也包括食品优良 ……（25）
  （二）食品安全优良与农业生产方式的关系 ………（31）
 三 中国小农经济面临的真正问题 ……………………（33）
  （一）地租竞逐和地租享有不均 ……………………（34）
  （二）私人地主制度造成农业基础生产条件的破坏 …（35）
  （三）农业社会化服务体系不健全 …………………（36）
  （四）工业化时代农业产业的天然弱势问题 ………（37）
 四 当代中国农业的现实与可持续农业 ………………（39）
  （一）当代中国农业的现实困境及发展模式争论 …（39）
  （二）可持续农业发展的背景与内涵 ………………（43）
 五 当今中国的生态循环（有机）农业实践及其问题 …（46）
  （一）中国当今生态农业遇到的一些难题 …………（46）

（二）社区支持有机农业也只是杯水车薪 …………（49）
六　建设组织化的小农可持续农业发展模式 …………（53）
　　（一）我国只能坚持适度规模农户和小农户为
　　　　　农业经营主体 …………………………………（54）
　　（二）村社土地制度是我国独有的优势 ……………（55）
　　（三）综合农协的性质与作用 ………………………（56）
　　（四）宜居村庄建设和城市化同等重要 ……………（59）
　　（五）组织化的小农可持续农业发展模式的
　　　　　其他意义 ………………………………………（60）
七　中国国家战略与农业模式的选择 ……………………（62）
　　（一）中国巨大的体量决定小国经验不适用 ………（62）
　　（二）人民币地位与农业模式 ………………………（63）
　　（三）高端工业化战略与农业模式的选择 …………（68）

组织化的妇女成为农村发展的重要
力量 ……………………………… 杨梓灵　孙炳耀　杨团（71）
一　农村研究还须重视妇女研究 …………………………（72）
　　（一）急剧城市化凸显农村妇女的重要性 …………（72）
　　（二）关注发挥妇女在农村经济社会发展中的作用 …（73）
　　（三）从社会性别理论看妇女研究 …………………（74）
　　（四）从发展理论看妇女研究 ………………………（76）
　　（五）从赋权理论看妇女研究 ………………………（77）
　　（六）新视角：从组织化理论看农村妇女 …………（78）
　　（七）典型研究：山西永济蒲韩社区的农村妇女 …（79）
二　农村妇女的组织化 ……………………………………（80）
　　（一）"滚雪球"式的组织成长过程 …………………（80）
　　（二）认识妇女组织建设的重要性 …………………（82）
　　（三）从妇女活动团队到协会组织 …………………（84）
　　（四）合作购买农资成为妇女经济参与的组织平台 …（85）
　　（五）经济参与的风险对妇女组织的负面影响 ……（86）

（六）以农业经济为基础构建合作社 …………………（88）
　　（七）把合作社办成综合性农民合作组织 ……………（89）
三　活动团队激发农村妇女的潜能 ………………………（92）
　　（一）农村妇女素质问题 ………………………………（92）
　　（二）农业技术培训：围绕共同需求开展活动 ………（94）
　　（三）文化活动是扩大妇女参与、提升能力的
　　　　　有效途径 …………………………………………（95）
　　（四）学习小组：妇女自我成长的新机制 ……………（97）
　　（五）农村妇女的增能和增权 …………………………（100）
　　（六）妇女能力建设的团体动力学解析 ………………（101）
四　组织化的妇女参与农村社区服务 ……………………（103）
　　（一）妇女推动社区文化和社区教育 …………………（103）
　　（二）妇女参与农村老年人服务 ………………………（104）
　　（三）妇女参与农村儿童服务 …………………………（106）
　　（四）妇女参与村民生活服务 …………………………（107）
　　（五）妇女参与村庄环境治理 …………………………（108）
五　组织化的妇女参与农村经济发展 ……………………（109）
　　（一）妇女团队激发经济参与的积极性 ………………（109）
　　（二）农业合作，探索新的经济参与机制 ……………（111）
　　（三）新的认识：经济服务要与社会服务结合 ………（113）
　　（四）手工艺学习小组成长为合作社 …………………（115）
　　（五）社区小额信贷：农村妇女组织发现
　　　　　自己的优势 ………………………………………（117）
六　农村妇女人才成长 ……………………………………（119）
　　（一）从优势视角理论看农村妇女人才 ………………（119）
　　（二）妇女主体意识缺失和主体意识新觉醒 …………（120）
　　（三）合作组织成为培育妇女人才的平台 ……………（123）
　　（四）重视培养青年女性人才 …………………………（125）
　　（五）农村社会网络的支持作用 ………………………（127）

（六）政府和社会各界助推农村妇女人才成长 ……… (128)
七　结论及对策建议 …………………………………… (131)
　　（一）转变传统性别文化观念，实现妇女主体
　　　　　意识觉醒 ………………………………………… (131)
　　（二）提高妇女自身综合素质，培育新型女农民 …… (132)
　　（三）加强社区妇女多领域合作，调动妇女
　　　　　主体能动性 ……………………………………… (132)
　　（四）发现和培养农村妇女带头人 ………………… (133)
　　（五）构建农村社区社会支持网络 ………………… (133)
　　（六）发展综合性农民合作组织，为农村妇女人才
　　　　　提供适当的组织载体 …………………………… (134)
附录：被访者信息汇总 ……………………………… (136)
后　记 ………………………………………………… (138)

建设组织化的小农可持续农业发展模式

刘海波[①]

引言 一位典型中国农民生产生活的素描[②]

张中农是中国北方一位三十多岁的农民。他不喜欢城市生活，喜欢种地，可是前些年，在老家务农根本不能养家糊口，所以只好外出打工，孩子也成为留守儿童。几年前乡和县里的农民合作协会成立后，他回到村里，重新做起了专业农民。张中农现在种地基本和城里打工收入差不多。和他一样回到村里种地的人有一批，现在村里务农的人老中青都有，不像以前只有老年人在种地了。

张中农承包了村里的30亩地，他种的田是完整的一块。以前他家里的承包地只有6亩，却分成七八块。前年村里对全村土地进行了整理，把原来的小块土地调整为600个方田，这样增加了不少土地面积。张中农种了10块相连的方田，老年人愿意种地则只占几块方田，最少的只占一块。村民会议上根据每块土地的大小、肥瘠、远近议定了承包费，承包户的承包费要交给村里，扣除一些必要的公共费用后，再按村民人头发

[①] 刘海波，中国社会科学院法学所副研究员，北京农禾之家咨询服务中心综合农协研究组骨干成员。

[②] 张中农的农业生产模式参考蒋高明的生态农场实验。见蒋高明《生态农场纪实》，中国科学技术出版社2013年版。

放。原来是"增人不增地、减人不减地",引起很大矛盾,现在是"增人必增份、减人必减份"。全村土地的地租村民仍然人人有份。村里还组织修缮了多年失修的水利设施,方便大家耕种,这样承包费也可以收得多些。

张中农参加了农民合作协会办的生态循环农业项目,现在,除了化肥外,农药、农膜、除草剂、添加剂都不能使用了。化肥使用量大概只有以前种植同样面积土地的 1/3。张中农不仅要种一茬小麦和玉米,他还养了 10 头牛。养牛的作用很大。一年下来,卖牛就净赚了 2 万多元钱。牛粪可以用来拿肥田。牛粪放到沼气池生产沼气,这样燃料的问题解决了,基本不需要使用煤气了。沼液则是控制蚜虫和红蜘蛛的理想"农药",且还有叶面肥的作用,沼渣则是非常好的有机肥,再次替代"化肥"。张中农还养了一些鸡和鹅,因为地里除虫是用物理方法,使用诱虫灯和粘虫板,鸡可以吃虫。牛粪还被用来养蚯蚓,然后用蚯蚓喂鸡,经过蚯蚓处理的牛粪是更好的肥料。养鹅的一个作用则是到地里除草。当然,张中农自己也要到地里人工除草,这是最累最花功夫的活了。地里还套种了大豆,用来固氮。施肥除草张中农的老父亲也懂,老父亲还经常下地。老父亲原来在堆肥和除草上有一套,想不到这个本事现在又能用上了。

张中农和几户关系好的人家成立了一家农民种养殖合作社,主要是合作养牛,牛被集中饲养,饲料集中存放,每户轮流照看。养牛的饲料主要是青贮秸秆,现在村里再也没有焚烧秸秆的事情了,不养牛的人家秸秆可以卖钱,因为有些人养牛多,自家的秸秆不够用。

原来的农民专业合作社与现在的农协不是一回事。农协每乡或每两个乡必有一家,且只能有一家,县里、省里直到中央都成立了农协。农协实际上是以原来的供销社系统为主,经过一系列的改造才形成的。农协里有技术指导员,是农大的毕业生，经常来村里，种养殖过程中一些问题可以找他请教。现在张中农只用农协提供的化肥，便宜还好使，技术员还指导如何配比氮磷钾和各种微量元素的最佳比例，真正科学种田。

张中农生产的粮食、肉牛、鸡、鹅、鸡蛋、鹅蛋等都是卖到农协去的，农协的车过几天就下村收一次，原来这些农产品部分要自己去赶集卖给周边居民，大部分卖给下乡收购农产品的经纪人，价钱压得很低，这些经纪人是为批发市场的大户们做代理。有人试图自己去卖，实在麻烦或者不可能，因为每样产品数量都不大，卖给贩子又很吃亏。县农协办了肉牛和柴鸡加工厂，县农协在好几家城市都开了农产品超市，听说，有些产品直接进了北京的超市。张中农买牛犊和建设秸秆青贮池时，到乡农协的资金部贷了款。贷款手续很简单，利息也低，年息只有5%。牛犊也是农协的人给买来的，自己去挑的话实在没有把握。另外，农协在每个乡都有农资店，农资店还出售一些日用用品，原来村里日用消费品假冒伪劣横行的情况少了。农协从供销、加工和金融方面赚得的利润，大部分都要返还给农户，按照每户的交易量计算，这块占了张中农收入的四成左右。

张中农有两个孩子，大孩子在乡里上初中，放学后还能帮助做些农活，当然，不会耽误他的学习。对孩子的期望，张中农想能念书就一直供他上，孩子愿意回村里接自己的班种地也不错。小孩子在村里的幼儿园，幼儿园用了村集体的地皮和房子，农协也给补助了一笔钱。幼儿园老师有两个村里上幼师的女孩子，因为在城里工资低和房租贵，所以回到村里教幼儿园。还有几个村里的中年妇女也在幼儿园上班，都是干净、麻利、耐心的人。张中农觉得，比起自己孩子能上得起的城里幼儿园，村里的好得太多了。

张中农是个孝子，这也是他坚决回到村里的理由之一——便于照顾父母。父母年岁大了，可是闲不住，农活家务活总要做。减轻了他和他媳妇不少的负担。张中农要照应的老人可不止父母，还有伯父两口子等。他还经常去邻居的孤寡老人家里探望。

到了晚上，张中农有时候还要在村里的篮球场打篮球。村里的篮球场是露天的，也是农协出钱修的，安装了电灯，号称灯光球场，经常有人组织比赛。冬天到了，乡里的农协组织舞龙舞狮表演，这是多年没有的事情了。张中农虽然以前没有干过，也热心参加，有空就去排练。队伍里有其他村和农协工作的年轻人，这是个和大家熟悉的机会。

上文中的张中农代表了一位典型的中国农民的生产和生活方式，在中国广大的农村，有千千万万的李中农、王中农，他们和张中农有着大同小异的生产和生活。

张中农模式当然不是现实存在的，是虚拟的，是具有现实可能性的理想模式。这段叙事性的文字，是为了下文的论述做铺垫。

在上文的叙述中，有五个关键词：农户、生态循环、农协、村社、村庄。张中农的土地经营规模只有30亩，却是经过几年实践和多次培训才掌握了这一整套农业生产技艺的，他申请了"初级农艺师"称号。种地，也和工厂里一样，有技术资格等级。他从事的是精耕细作和多种经营生态循环农业，但不追求绝对有机，既继承传统也采用了传统当中不存在的农业技术。村社①（村集体）进行了土地整理，采取按人均租而非按人均地模式，村社还要负责水利等设施的修建，这样保障了农地在整体层面的有效利用。农协从事涉农二、三产业的经营，回馈农户的利润占农户收入很大一块。无论是村社还是农协，都进行公共服务。在上述模式中，张中

---

① 本文用"村社"一词而不用农村集体经济组织，因为其与民政登记的社团、工商登记的企业不同，性质应定为公法人或特殊法人，具有特定的成立、运转、消灭程序，具有地域唯一性，成员权获得是出生主义。村社与一般集体经济组织不同。

农的村庄是有经济活力、完善公共服务与文化生活的功能完整的社区。村庄意味着同城市不同的居住和生活方式，但城市与村庄并不对应于非农产业与农业。城乡差距在村庄居民与城市居民公共服务水平与收入上面，基本不存在。

上文进行的描述，全面而直观地描绘了中国农业、农村与农民的合理发展模式，我们称为组织化的小农可持续农业发展模式。在此种模式中，经营小规模土地的农户是农业经营的主体，土地经营规模只有上限的规定，而没有下限的规定。农户被鼓励甚至被要求从事生态循环型的生产方式，尽量少使用化肥，不使用农药、除草剂、地膜、添加剂。转基因农业在此种模式下无疾而终，因为在不使用除草剂和农药情况下，只能是劳动密集投入、单位小规模的农业，转基因植物品种主要省劳力的优点对此种农业模式毫无意义。此种农业模式被称为可持续的，是因为能使底层生产者受益，其生计和生活是可持续的，在生产活动中能够对环境友好、产出安全优质的农产品，也没有损害下世代的利益，因为没有大量消耗化石能源，故土地的肥力在保持和增加的状态中。因为此种农业是高效地利用太阳能，并且没有对环境造成污染和损害。可以说，只要地球和太阳系不发生巨大变化，此种农业就可以永远维持下去。

农户在综合农协和村社两种组织当中被组织起来，综合农协和村社提供了各种服务。实际上，在此种模式中，农业被视为一种准公共事业，农民被视为是准公共服务人员，依靠农协的排他性经营和政府的惠农投入，农户一般可以达到社会平均收入水平。专业农民是社会典型的中位收入者，是典型的类似于制造业技术工人的存在，并为自己的农业手艺而自豪。由于此种农业模式的普遍性，中国的城市化道路最终将不同于美国和拉美，也就是说始终存在人口数量庞大的乡村，即使只占人口的30%，也超过了美国全部人口。但是，中国的城市化过程已经完成了，农业人口只占全部人口的5%不被认为是值得争取的目标。

上述模式涉及若干重要问题，我们必须列举一个问题清单：为什么农业要以家庭经营为主？农业生产中的规模经营同工业有何不同？中国传统的小规模农户多种经营农业或者说小农经济有什么优点？中国的农民是纯粹的农民吗？传统与现实中，中国小农经济面临的真实困境是什么？为什么中国必须坚持村社土地制度？为什么中国要建设综合农协？为什么已有的《中华人民共和国农民专业合作社法》框架下的合作社不解决中国农民的问题？中国村庄的特点、前途和存在意义如何？什么是可持续农业发展模式？生态循环农业对于食品安全、环境保护、社会团结的意义何在？对于中国来说，组织化的小农可持续农业模式是否是一种必须？是解决种种问题的必须——粮食安全、食品安全、生态环境的保护、共同体稳固等。什么是中国需要的农业？是所谓现代农业即以产量和劳动投入比计算的劳动生产率提升？还是工业发达条件下的一种准公共服务业呢？组织化的小农可持续农业模式，在诸民族国家林立竞争的现实世界状况中，对于中国而言，具有价值上的优秀与事实上的可行。那么对于一个实现了政治一体化的全球世界而言，是否也是一种理想的且可行的模式？对这些问题的回答，就构成了"建设组织化的小农可持续农业发展模式"的论证。

一　中国传统小农经济的特点与改造的迷途

中国传统的小农经济，其特点是以家庭为单位、小规模土地、精耕细作、多种经营。对其评价，"落后""没有前途"一直是主流的共识，所以要"改造"或"消灭"。这些见解，影响了新中国成立后一系列政策。这一系列政策，方向往往与中国传统小农经济的特点相反，如：不管是集体农庄还是农业公司追求农业的集体生产而非家庭经营；鼓励扩大单位土地经营规模而非小规模精耕细作；强调走专业化生产的道路而非多种经营。可是，我们不得不面对下列问题：对农业而言，集体生产并不能像工业那样因为分工而提高劳动生产效率；对于土地产出率而言，扩大单位经营规模，土地产出率反倒会显著降低；如果要发展生态循环资源节约型农业，则非小规模同时多种经营不可。

（一）为什么农业生产宜于家庭经营

20世纪50年代我国农业集体化运动，实际上做了三件事：不同大小范围的农业集体生产、建立土地集体所有制或村社土地制度、成立公社作为农业社会化服务体系和农村公共服务体系同时是农村资源汲取体系的载体。但是，在农业集体化理论的信奉者和实践者那里，农业集体化的理由却是第一件事。他们认为发展组织化经营的大农业，理应比传统的小农经济更加有利于农业的发展，增加农产品产量，更加有利于为工业化提供资金。毛泽东主席，确实是反对农民一家一户的分散生产，主张大规模的农业，其农业集体化思想，不仅是土地制度，也是集体生产。对当时的农业集体化反对者来说，农业集体化与否，也只是个发展阶段的问题，因为他们相信"没有机械化就没有合作化""要想集体化先要机械化"，毛泽东用于反驳的理由则是："既然西方资本主义在其发展过程中有一个工场手工业阶段，即尚未采用蒸汽动力机械、而依靠工场分工以形成新生产力的阶段，则中国的合作社，依靠统一经营形成新的生产力，去动摇私有基础，也是可行的。"① 毛泽东的反驳着眼于农业的劳动组织方式，而不是土地制度。尽管土改实现了均地小农局面，但传统私有土地制度的弊端，毛泽东是认识到的。毛泽东和相当一部分共产党人当时的认识，不能不说是一个历史的遗憾。

在反思我国农业集体化时，对于农业生产的生物学基础或者说

---

① 薄一波：《若干重大决策与事件的回顾》（上），中国党史出版社1991年版，第191页。

产业缺陷，即农业生产过程中分工协作的效益很弱，一些人认识到了[①]，因此强调农业要以家庭经营为基础。对于农业生产，不能忽视第一产业与第二、第三产业不同的规律，将只有在第二、第三产业中的规律浪漫地不适当地套到农业上面。这就是对农业所谓规模经营、专业分工的想象。由于农业生产的生物学基础或者说产业缺陷，农业生产过程中分工协作的效益很弱。由手工作坊到工业生产线大批量生产同质产品，这意味着同样的产品现在可能只需要原来几十分之一的人工和时间。但是，农业的产品并非是制造出来的，而是自然生长出来的植物和动物，农业的规模经营不可能改变这个基本的事实。植物和动物的生长周期即使可以人为缩短，也极其有限。农业生产是在广袤大地上进行的至少延续数月之久的活动，是春播夏种秋收冬藏延续性的工作，时令形成了不同种类的劳动，但是不同种类的农业劳动可由同一个人在不同时间段上完成。而在同一时间段，在所有的土地上都是做完全同样的劳作。基本上，农业劳动专业化分工和劳动协作的必要性不大，同时，农业劳动因为是长时段养活物，深受气候和其他意外因素影响，在中间时段计量劳动绩效和监督很困难。

正是因为上述原因，世界各国农业都实行了以自然人为基础的家庭经营，公司法人农场所占比例很小。中美农业经营模式的差异，不在于是否以家庭经营为主，而在于家庭经营土地的规模大小以及是否专业化生产。

对于中国传统农业来说，如果着眼于土地产出率和资源的节约利用，那么可能都不是分工专业才有效率，而是兼业才可能，即一个人同时承担多个工种，而且，所谓的半劳力，即老人、学生、家庭妇女以各种方式大量参与农业生产活动。

[①] 苏少之：《对指导五十年代农业集体化一个理论的反思》，载《中共党史研究》1998年第3期。

（二）中国农业的精耕细作、生态循环传统及其传承①

中国人多地少的情况，不是今天才遭遇到。早在传统农业技术时期，土地资源有限的中国农业所能养活的人口已经让世人惊叹。中国的人口，从战国时期的两千多万发展到鸦片战争前的三四亿，传统农业基本上满足了人口巨大增长的需要，直到今天我们还为中国以不到世界7%的耕地，养活世界1/4的人口而引以为自豪。而且，几千年来，中国的土地在保持了不断提高的利用率和生产率的同时，地力基本上没有衰竭，不少土地越种越肥，这不能不说是世界农业史上的一个奇迹。中国农业的奇迹是怎么来的？

这其中的原因，仍然主要是我国传统农业打下的底子。今天粮食和食品安全面临的危机，既有现代的农业经营方式和技术使用不得当和发展不够的地方，也有传统农业技术没有得到很好遵循的地方。

1. 精耕细作的农业技术传统

现在词典上把"精耕细作"解释为"在农业上认真细致地耕作"，这只是一种字面上的解释。实际上可以用这个词来概括中国传统农业的整个技术体系。它的核心是指采取各种手段，使得人力、土地和各种物力的投入能够获得最大限度的农产品产出。

中国农业精耕细作的传统，首先还是源于中国农业的资源禀赋。虽然在漫长的传统农业阶段，人口增长并不像进入现代那样快速增长，但是，中国人口也一直在缓慢地增长。先秦时代，没有可靠的人口记载；战国以后，生产力出现飞跃，人口增长也很快；汉代开始有全国人口统计数，从那时到五代，人口最多没有超过6000万。宋代南方大规模开发使得人口增长，宋代人口已经超过1亿，明代盛期人口约在1.2亿；清代康熙初年人口只有9000多万，到了乾隆末年人口已经猛增为3亿，其间不过100多年，至鸦片战

---

① 此一节为中国人民大学农业发展学院仝志辉撰写。

争前期，人口已经突破 4 亿大关。世代越往后，人均土地面积或其增长的空间就越来越少，其所要求的耕地面积和粮食单产也就越高，否则无法养活众多的人口。

正是因为人口压力的推动，精耕细作生产方式也得到不断地发展，经历了其发展阶段。一般认为，精耕细作萌芽于夏商周时期，战国、秦汉、魏晋南北朝是技术成形期，隋唐宋辽金元是精耕细作的扩展期，明清是深入发展期。

精耕细作生产技术的主要内容是对土地的有效开发和利用。土地是农业最主要的生产资料。我国国土上有水利灌溉条件的平原地区始终是比较稀缺的。古代农民不得不在面积有限、类型多样的土地上生产尽可能多的农产品。历代王朝都在尽力扩大耕地面积，但是从战国开始，人们已经将关注重心放在了提高单位面积产量上。战国初年的魏相李悝就颁行了"尽地利"的教令，也就是要求提高土地生产率。

人们在长期的生产实践中逐步认识到，集约经营、少种多收比粗放经营要更加节约自然资源和人力。中国古农书中，有关土地集约经营的说法比比皆是。汉代贾思勰《农书》中说"多虚不如少实，广种不如狭收"。明代《沈氏农书》中也主张"宁可少而精密，不可多而草率"。《沈氏农书》以桑地经营为例，如果深垦细管，多施肥料，可以"一亩兼两亩之息，而工力、钱粮、地本，仍只一亩"。

（1）合理有效的耕作制度

农业是通过绿色植物吸收太阳光能转化为有机物质的。中国传统农业种植制度的特点是在连种制的基础上实行丰富多彩的轮作倒茬、间作套种和多熟种植方式，一方面尽量扩大耕地里绿色作物的覆盖面积，以至"种无闲地"；另一方面尽量延长耕地里绿色作物的覆盖时间，科学安排作物品种，使得农地在尽可能长的时间里释放其生物力，这在古代农书称为"种无虚日"。

但是，农作物越多就越需要安排其种植时间先后和空间分布，这就对耕作制度提出了高要求。要使得农地的所有空间都能被利用。通俗地讲，就是在单位时间里，种植尽可能多的农作物；在单位空间里，种植尽可能多的农作物。中国农业在很早就从生荒耕作制转变为熟荒耕作制，早在战国时也就从休闲制转为以连种制为主。连种制就是在年度间连续使用农地。在连种制基础上，农民主要使用以下耕作制度：轮作倒茬、间作套种、多熟种植。

一是轮作倒茬。我国古代广泛采用有肥地作用的豆科作物或绿肥作物与禾谷类作物轮作。一块地里如连续种植一种作物，往往会引起某种营养元素的匮乏和某些病虫害和杂草的滋生。合理的换茬可以调节和加强地力，减轻病虫害和杂草的危害。有肥地作用的豆科种植，还可以使种植的过程变成向土壤提供有益元素的过程，促进地力的恢复。

二是间作套种。间作是指在同一土地上按照一定的行、株距和占地的宽窄比例种植不同种类的农作物，套种则是指前季作物收获前在行间播种下一季作物，前季作物收获后，套种作物继续生长。它要求高秆与矮秆、喜阳与喜阴、深根与浅根以及生育期和对肥料需求不同的各种作物合理搭配，互不相妨，以至互相促进。它主要是通过合理安排农作物群落的空间结构，充分利用土地、光照、水等资源。

三是多熟种植。我国中原地区早在战国秦汉已有复种制的萌芽（如冬麦收获后种禾或豆），岭南部分地区双季稻种植不晚于汉代。但这些都是零星的、分散的。复种制较大的发展是在宋代，当时经济重心所在的江南地区人民在水稻收获后种植小麦、豆类和油菜等。到了明清，江南稻麦复种制进一步发展。南方双季稻的种植更加广泛，并向长江流域扩展，部分地区出现二稻一麦的一年三熟制。在华北的许多地方，早在唐宋时已出现以麦作为中心的二年三熟制，至明清趋于定型，典型形式是秋收后种冬麦，麦后种豆，次年豆后种玉米、谷子、黍稷等，收获后仍种冬麦，依次循环。清杨屾《修齐直指》中还记载了粮菜间套复种两年十三收的经验。

合理的耕作制度，可以保证最为经济地利用地力，不使地力过多损耗。但仅靠耕作制度，并不能做到保持地力一直维持在高的水平，也并不能使得地力更为强壮。要使地力充分恢复甚至可以变得强壮，还得讲究科学施肥、秸秆还田等综合措施，否则，上述耕作制度也无法维持。

（2）重视对土壤施肥

我国传统农业采用的耕作制度和西欧不同，相应地包含着不同的地力恢复的道理。西欧一直到18世纪末仍维持着定期轮流休闲的三圃制，在休闲制下，地力的损耗主要是依靠自然力量自我恢复，需要较长的过程。而我国主要是通过人工的影响，是通过以耕作制度为核心的一系列制度，来确保地力的恢复。在这方面，重视施肥是其中的奥妙。这种保持、恢复乃至增强地力的方法。用中国古人的说法就是"用养结合"。

理解地力恢复可以由人工来进行影响，中国农业先贤也走过了一个过程。战国时代，连种制取代休闲制，中国曾经出现过局部的地力衰竭现象。《吕氏春秋·音初》上说的"土弊则草木不长"就是这种情况的反映。后来，人们逐步探索，采用多种办法，慢慢解决了这一问题，最终，中国农业在土地肥力保持上达到了世界最为先进的水平。

我国农田施肥的明确记载，出现于战国时期。战国《吕氏春秋·任地》"地可使肥，又可使棘（瘠）"的土壤肥力观，说明人们认识到可通过生产活动来改变土壤肥沃性。汉代《氾胜之书》将"务粪泽"作为农业增产的重要措施。《齐民要术》中施肥的记载更普遍，总结出"粪多力勤"的施肥原则，特别是重视绿肥。南宋陈旉《农书》提出"用粪犹用药"，认为田地若以粪治之，可使土地肥美。元代《王祯农书·粪壤篇》说："粪壤者，所以变薄田为良田，化硗土为肥土也。"说明当时人们进一步认识到肥料改良土壤、提高地力的作用。明清时不少农书如《宝坻劝农书》《沈氏农书》等都指出要合理施肥，并记载了根据土壤性质、作物种类、时令等施肥的具体方法。清杨屾《知本提纲》进一步提出因时、因地、因物施肥的"三宜"思想。

自战国以降，人们不断开辟肥料的来源。战国秦汉，"溷（按：'溷'是合畜圈和人厕为一的设施）中熟粪"和蚕矢是主要肥料之一。魏晋南北朝，出现了人工栽培的绿肥。宋代，陈旉《农书》记有"火粪"（焦灰土、熏土）、麻枯等新的肥料种类和"沤池""粪屋"等积制肥料的设施；收集城市的粪便、垃圾以及河泥等做肥料也见于载籍，标志着城市生活中的废弃物也纳入农业物质循环的大系统之中，这逐渐成为中国农业（尤其是南方农业）的优良传统。清杨屾《知本提纲》提出"酿造粪壤"之十法，即人粪、牲畜粪、草粪（天然绿肥）、火粪（包括草木灰、熏土、炕土、墙土等）、泥粪（河塘淤泥）、骨蛤灰粪、苗粪（人工绿肥）、渣粪（饼肥）、黑豆粪、皮毛粪，差不多包括城乡生产和生活中的所有废弃物以及大自然中部分能够用作肥料的物资。

为了多施肥料，人们千方百计开辟肥源，到了明清时代，在农书中有记载的肥料已达130多种。这些肥料，一部分来自自然界。例如，早在战国时人们就割取青草、树叶等烧灰作肥。以后又广泛利用草皮泥、河泥、塘泥等，水生萍藻也在人们收集之列。更多的来源于人类在农业生产和生活中的废弃物，诸如人畜粪溺、垃圾脏水、老坑土、旧墙土、作物的秸秆、糠秕、老叶、残茬，动物的皮毛骨羽等，统统可以充当肥料。人工栽培的绿肥是由天然肥发展而来的。汉代人们已懂得最好等待地上青草长出后翻耕，使青草烂在地里作肥。在这一启发下，人们逐步开始有意识种植绿肥。晋张华《博物志》中谈到岭南人在稻田中冬种苕子，这是关于人工绿肥的最早记载。绿肥出现后，被广泛种植于夏闲地，实行粮肥轮作，我国农田施肥的范围就大大扩展了。榨油后的枯饼、酿造后的渣糟，也属"废弃物"范围。饼肥成为化肥传入以前最为优质高效的商品肥。我国传统农家肥以有机肥为主，但到了明清时期，石灰、石膏、硫黄等无机肥料也开始使用。施肥方式与技术也很讲究，有种肥、基肥和追肥。

如何施肥才能用最小工本取得最大效果？人们强调要看时宜、土宜和物宜，把施肥比作对症下药，即所谓"用粪如用药"（陈旉语）。"夫肥沃硗埆，土地之本性也。肥而沃者性美，树稼丰茂；硗而埆者性恶，深耕细锄，厚加粪壤，勉致人功，以助地力，其树稼与彼肥沃者相似类也。"（王充《论衡·率性》）对于不同的土壤，由于用不断的施肥技术和耕作制度，都可获得令人满意的产量。"虽土壤异宜，顾治之如何耳。治之得宜，皆可成就。"（《农书·粪壤之宜篇》）

（3）排灌和灌溉以改良土壤水分状况

农田的合理排灌对改善土壤环境也是很重要的。举例说，黄河流域先秦时代的沟洫制，就是通过开挖排水沟洫，形成长条形垄台，结合条播、合理密植、间苗除草等措施，建立行列整齐、通风透光的作物群体结构，不仅改变了涝渍返碱的土壤环境，而且创造了良好的农田小气候。战国以后，农田灌溉发展起来。人们往往用引水淹灌并改种水稻的办法洗盐，或者利用北方河流含沙量高的特点灌淤压碱。漳水十二渠和郑国渠在这方面都做得十分成功，使"千古斥卤（盐碱地）"成为亩产一钟的良田。西汉贾让曾对此总结说："若有渠灌，则盐卤下湿，填淤加肥，故种禾麦，更种秔稻，高土五倍，下田十倍。"（《汉书·沟洫志》）北宋王安石变法期间也曾在黄河流域大规模放淤压碱。

南方梯山围水，也包含了通过适当排灌，改善土壤水分状况的措施在内。南方水稻田的水浆管理，既要满足水稻生长各阶段对水的需要，又要避免稻田因长期渍水而温度不足、通气不良的弊病。陈旉《农书》记载江南水稻耘田采取"旋干旋耘"的办法，耘过的田，要在中间和四旁开又大又深的沟，把水放干，至田面坼裂为止，然后再灌水。这样做，就是为了提高地温，促进氧化。陈旉说这"胜于用粪"。这种开沟烤田的办法，至今仍流行于苏南地区，农民称为丰产沟。为了改善水稻田土壤结构，又有犁冬晒垡，水旱轮作，在冬水田上开腰沟排水等措施。至于秧田排灌管理，就更为细致了。

2. 深厚的生态循环农业思想

上述这些精耕细作的农业技术实践，背后是深入的农学理论。

（1）顺应天时："不失其时""以时禁发"和"顺时宣气"

农作物扎根于土地，但是一时一刻也离不开空气、阳光、水等土壤之外的自然元素。农作物的生长是一个自然生物在生态系统中的成长过程，首先是一个自然再生产的过程，人类劳动对其的干预和影响要以自然再生产为基础。中国农民是重视土地生产率的提高的，但是，他们也知道，土地是在天地合一的生态大系统中存在的。

由于农业生产以自然再生产为基础，作为农业生产对象的生物体的生长发育，离不开它周围的自然环境，尤其是直接受自然界气候季节变化的制约，所以农业生产的运作必须与气候季节变化的节奏保持一致。我们的先辈虽然不可能作出现在这样的表述，但实际上很早就深刻地认识到这一点。

《尚书·尧典》："食哉唯时。"把掌握农时当作解决民食问题的关键。孟子说："不违农时，谷不可胜食也。"（《孟子·梁惠王上》）荀子说："春耕、夏耘、秋收、冬藏，四者不失时，故五谷不绝，而百姓有余食也。"（《荀子·王制》）《吕氏春秋·审时》："凡农之道，厚之为宝。斩木不时，不折必穗；稼就而不获，必遇天菑。夫稼，为之者人也，生之者地也，养之者天也。"认识到了天的重要性。什么是"天"？在中国古代农书里，"天"指的是天象、气象、物候、星象、节气等。从事农事，要和天象、物候、星象、气象相对应。

顺"时"的要求也贯彻到林木砍伐、水产捕捞和野生动物的捕猎等广义农业生产的各个方面。我国早在先秦时代已经有了一套相当成熟的，对林业资源、渔业资源、野生动物资源的保护利用措施。这些措施可以用"以时禁发"（或简称"时禁"）来概括。也就是只允许在一定时期内和一定程度上采集利用这些动植物，禁止在它们萌发、孕育和幼小的时候采集，更不允许焚林而搜、竭泽而渔。"禁"就是保护，"发"就是利用。"以时禁发"就是在保护基础上有限制地利用。为什么要在保护基础上有限制地利用呢？因为人们认识到，野生动植物是可以再生的，这是一种受气候季节变化所制约的自然再生产，人不能打断它，只能促成它，保证野生动植物顺应自然界季节变化的规律正常地生长和繁育，在这个基础上加以合理的利用。

经过人们长期的探索，到了汉代，人们已经在前面节气的基础上，开发了农人在每个节气中要对应做什么事情的"行事历"。典型的如《四民月令》，主要是在二十四节气中在农业种植和田园生活中应该做什么的安排提示。这反映了中国古人的生活是和天时相对照的，是天人合一的生活。

"顺时宣气，蕃阜庶物"八个字比较准确地概括了中国传统农业中经济再生产与自然再生产的关系。虽然在这里只突出了"顺时"，实际上人们在农业生产中不但注重"时宜"，而且注重"地宜"和"物宜"，注重生物体的选种、留种和繁育，注意生物体之间的相互关系及其利用，等等，这在本质上是承认自然再生产的基础作用，遵守生态规律，从人与自然的统一中摆正了农业生产的地位。

（2）"用养结合"的地力观和"土脉论"

土地种庄稼是要消耗地力的；只有地力恢复或补充以后，才能继续种庄稼。只有通过精心选择的耕作制度来巧妙利用土地，又能通过主要以施肥来进行的恢复地力，才能保证土地的持续利用。这种用养结合保持地力常新壮的思想，使得我们的先人不断地改造原来恶劣的土地成为良田，能够在高土地利用率和高土地生产率的条件下保持地力的长盛不衰，为农业的持续发展提供了坚实的基础。

南宋的农学家陈旉已能满怀信心地指出："或谓土敝则草木不长，气衰则生物不遂，凡田土种三五年，其力已乏。斯语殆不然也，是未深思也。若能时加新沃之土壤，以粪治之，则益精熟肥美，其力当常新壮矣，抑何弊何衰之有！"这就是中国农学中著名的"地力常新壮"论。

支持这种"用养结合""地力常新壮"思想的，是中国传统农学所特有的"土脉论"。"土脉论"的出现不晚于西周末年，它把土壤视为有血脉的活的机体。既然土壤有气脉，气脉有盛有衰，可损可益，那么土壤的肥力状况就可以在人力的影响下变化。在《周礼·大司徒》的记载中，有"土"和"壤"的区分，它们相当于现代土壤学所说的自然土壤和耕作土壤，表明人们很早就认识到，通过人类的农业活动，可以使自然界土壤发生适合人类需要的变化。《吕氏春秋·任地》则明确指出"地可使肥，又可使棘（瘠）"，并据此制定了把土壤力与柔、息与劳、肥与棘、急与缓、燥与湿的偏颇状态改变为适中状态的"耕之大方"，后来《氾胜之书》又概括为"和土"的耕作原则。《周礼·草人》也提出使土壤变得肥美而适合农作需要的"土化之法"。东汉王充进一步指出瘠土转化为沃土的条件是"深耕细锄，厚加粪壤，勉致人功，以助地力"（《论衡·率性》）。"地力常新壮"论正是这些思想理论的继承和发展。

在中国古代，"土脉论"和"土宜论"是密切联系在一起的，它们共同构成中国传统土壤学中最有特色的理论。我国老一辈农学家、土壤学家，如王云森、侯学煜、乐天宇等，对"土脉论"和"土宜论"给予高度的评价，认为是一种生态系统学的高科学，是建设有中国特色的现代土壤学的重要依据。

（3）农作物共生共养："相继以生成，相资以利用"

陈旉《农书》说：种莳之事，各有攸叙，能知时宜，不违先后之序，则相继以生成，相资以利用，种无虚日，收无虚月，一岁所资，绵绵相继，尚何匮乏之足患，冻绥之足忧哉！（《六种之宜篇》）。这段文字十分重要，讲的是如何通过合理安排种植制度，保证农业的持续发展以满足人们的物质需要。其要点有二：一是充分利用天时地利；二是充分利用各种农作物之间的共生互养关系。

陈旉指出合理安排种植制度的前提是"知时宜"，也就是充分了解和利用"天时"所提供的光热资源，在"天时"所许可的各种作物的生长季节中，按照作物生长和收获的顺序，把耕地安排得满满的，使各种作物"相继以生成"。

我们前述的集约利用农地的各种种植制度除了"相继以生成"之外，还有"相资以利用"的一面。中国古代人民很早就对自然界不同生物的共生互养关系有所认识，并把这种认识巧妙地应用到农业生产中。轮作倒茬、间套混作、多熟种植的安排，本身就是建立在对作物种间互抑或互利关系的深刻认识之上的。

例如，古代人民很早就发现豆科作物的根部有根瘤，大豆的古称"菽"在金文中就表现了地下根部丛生的根瘤。《氾胜之书》明确指出"豆有膏"，已认识到大豆根瘤的肥地作用，故从《齐民要术》开始，豆科作物被广泛用作禾谷类作物的前茬，禾豆轮作成为我国最主要的轮作方式之一。

陈旉《农书》指出早熟稻田收割后"种豆麦蔬茹"，既"足以助岁计"，又可"熟土壤而肥沃之"；把深根的桑和浅根的苎麻搭配间作，可两"不相妨，而利倍差"，亦其例。生物之间的互抑也可以加以利用，例如人们认识到芝麻对草木的生长有抑制作用，因而被广泛利用为新垦地的先锋作物。

"相资以利用"之妙亦可应用于动物的畜养中，如在池塘中混养草鱼、鲢鱼等，"草鱼食草，鲢则食草鱼之矢，鲢食矢而近其尾，则草鱼畏痒而游……鲢草两相逐而易肥"。也可以把动植物生产联结起来。最简单和最普遍的方式是农牧互养：利用人类不能直接食用的农作物秸秆糠秕饲畜，畜产品除供人类食用外，其粪溺皮毛骨羽用于肥田，还可利用畜力耕作。类似的例子还有稻田养鱼、稻田养鸭等等。

更进一步可以把更多的生产项目配合在一起。如据《补农书》记载，明末清初浙江嘉湖地区形成"农—桑—鱼—畜"相结合的模式：圩外养鱼，圩上植桑，圩内种稻，又以桑叶饲羊，羊粪壅桑，或以大田作物的副产品或废脚料饲畜禽，畜禽粪作肥料或饲鱼，塘泥肥田种禾等。

类似的还有珠江三角洲的桑基鱼塘等。这些生产方式，巧妙地利用水陆资源和各种农业生物之间的互养关系，组成合理的食物链和能量流，形成生产能力和经济效益较高的人工生态系统。实为今日所提倡的生态农业的雏形。

（4）循环利用资源："变恶为美"和"余气相培"

施肥在中国传统农业中非常重要，正是施肥解决了实施连种制以后出现的局部地力衰竭的问题，使中国传统农业能够沿着高土地利用率和高土地生产率的方向前进。但施肥的重要性还不止于此。在中国传统农业中，施肥还是废弃物质的重新资源化，实现农业生态系统内部物质循环。既使地力获得及时的恢复，也在相当程度上消除了生产生活废弃物对环境的污染，同时还节约了资源。

不少农学家对利用废弃物作肥料的作用和意义作出了很有深度的精彩阐述。如元王祯《农书》说："夫扫除之秽，腐朽之物，人视之而轻忽，田得之而膏泽，唯务本者知之，所谓惜粪如惜金也。故能变恶为美，种少收多。"清杨屾《知本提纲》进一步指出："粪壤之类甚多，要皆余气相培。如人食谷肉果菜，采其五行之气，依类添补于身。所有不尽余气，化粪而出，沃之田间，渐渍禾苗，同类相求，仍培禾身，自能强大壮盛。"这就是所谓"变臭为奇，化恶为美"。

我们知道，农业的基础是依靠绿色植物的光合作用，把太阳能转化为人类所需要的食物和衣着原料。人畜以植物为食。绿色植物对人畜等是食物链的起始链，但人畜对其食物中的能量并不能完全地加以利用，在其排泄物和废弃物中包含着的能量，若让它们回到土壤中，经过微生物的分解，就可以释放出能被绿色植物重新利用的营养物质。"余气相培"实际上就是指这种情况。它使用的是中国传统哲学关于"气"的理论和语言，表达的却是对农业生态系统中物质循环和能量转化及其利用的一种朴素的认识。

(三) 生态循环农业必然是多种经营的小农农业

我们知道，美国农业是高度专业化的。其专业化形式主要有三种：地区专业化、部门专业化、作业专业化。也就是一个地区只生产一种农产品，一个农场也只生产一种农产品。美国经营一种产品为主的专业化农场早就达农场总数的90%以上。中国传统的小农经济则是以粮食为主，多种经营。经常是，每个农家既种粮，又养畜，并视不同条件各有侧重地栽桑养蚕，种植麻、棉、蔬、果、油料，樵采捕捞以至从事农副产品加工。其产品既供自身消费，部分投入市场。传统上，中国小农经济还包括农产品的加工甚至流通。严格来说，传统上中国就没有美国农场主那样纯粹的农民，只有住在村庄里的人，从事多种行当。

中国小农的多种经营，是和所谓资源节约型、环境友好型的生态循环农业紧密联系在一起的。

明、清时期太湖地区人口密集，城镇发达，为适应城乡对农产品的需要，创造了一种把粮食（稻、麦等）、蚕桑、鱼菱、猪羊等水陆生产密切联系起来的网络，使各个环节中的废物——茎叶、猪羊粪、蚕矢、河泥等都参加到有机物质的再循环中去。珠江三角洲地区则是把粮、桑、果、蔗、鱼等生产结合起来。此类生产结构能形成良性生态循环，有持久的生命力。

李伯重发表了有关明清江南"生态农业"的重要论文。[①] 他指出，"生态农业"是20世纪中后期发达国家中出现的一种针对现代农业弊端而提出的以生态、自然资源保护与农业协调发展为主要内容的新农业理念，英国农学家沃星顿（M. Worthington）

---

① 李伯重：《十六、十七世纪江南的生态农业》（上），载《中国经济史研究》2003年第4期，第53—62页。

所作定义是:"生态上能自我维持,低输入,经济上有生命力,在环境、伦理和审美方面可接受的小型农业";其特点是"顺应自然"与在较小范围内的"自我循环"。李伯重认为,就中国而言,这两个特点都早就存在。作为"生态农业"核心理念的"顺应自然",在中国可追溯到两三千年以前既有的"天人合一"或"三才"观;而作为"生态农业"经营形式的小型农业是中国传统农业的主要特征。十六七世纪,江南"生态农业"发展到较高水平,取得了良好的生态和经济效益,并且逐渐普及开来。

无独有偶,除了富庶的江南和珠三角,中国各个地方都有因地制宜的生态循环农业,例如在西南地势崎岖不平山区的侗族农业。当地根据自然条件,形成了在水稻田中"种植一季稻、放养一批鱼、饲养一群鸭"的农业生产方式。稻田为鱼和鸭的生长提供了生存环境和丰富的饵料,鱼和鸭在觅食的过程中,不仅为稻田清除了虫害和杂草,大大减少了农药和除草剂的使用,而且鱼和鸭的来回游动搅动了土壤,无形中帮助稻田松了土,鱼和鸭的粪便又是水稻上好的有机肥,保养和育肥了地力。①

生态农业和小型多样化经营紧密相关。只有多样化经营,才能实现充分利用资源。阿根廷总统阿尔铁里在谈到生态农业时强调:"生态农业的首要原则,是农业活动永远要多样性,决不要单一种植。"② 由于不同作物都有适合自己的生长条件,农民可以因地制宜选择最有利的生产活动,将不同生物种群组合起来,不仅生产粮食、水果、蔬菜、菇芘菱芡等植物性产品,而且生产猪、鸡、鱼等动物性产品,利用空间,形成多物种共存、多层次配置、多级物质能量循环利用的立体种植与立体养殖相结合的农业经营模式的需

---

① 闵庆文 张丹:《从江侗乡稻鱼鸭系统 传统生态农业的样板》,《农民日报》2013 年 5 月 10 日。《贵州:侗族稻—鸭—鱼生态农业困局》,《三联生活周刊》2012 年 5 月 10 日。

② 李伯重:《十六、十七世纪江南的生态农业》(上),载《中国经济史研究》2003 年第 4 期,第 59 页。

求。多样化生产彼此结合，建立起连锁关系，减少了对自然资源的索取和污染。某种生产活动所产生的废物（如猪、鸡、羊、鱼的粪便或枯桑叶）可作为另一种生产活动所需要的资源，循环利用，产生更高的经济效益。

中国传统农业的特点可以解释一个问题，为什么我国"大跃进"时期办公共食堂是如此不受欢迎，乃至成为党群关系的一个疙瘩。① 在工厂、学校、部队、机关等地方，公共食堂都是非常需要的便利人们生活的设施，在美洲当年的奴隶制种植园，奴隶们其实也是吃公共食堂，为什么在中国农村，公共食堂却成为生产的障碍？因为，在传统中国的农户那里，做饭其实也和特定的农业生产紧密联系在一起的。种菜、拾柴、做饭，在农户那里往往是家庭辅助劳动力完成的，是一种不正规的，利用各种闲散时间的，带有随机性非专门的劳动。种菜可能是在窗前屋后庭院边边角角的地方，利用任何一点零散时间进行；拾柴是收集掉落树枝、秸秆、其他各种边角余料，煮饭后留下较多的草木灰；做饭过程中淘米水、菜叶等物也会保留喂养家禽等；任何剩菜剩饭都不会浪费，因为可以用来喂养猪或家禽；草木灰、猪粪、禽粪全部还田；做饭往往是老人妇女在照顾小孩、纺织之余进行的；半大孩子在游戏状态中从事拾柴或者挖猪菜工作。此种生产与生活紧密结合的小农经济方式，需要多样化少量种植、多样化少量饲养、充分利用家庭成员的非正规劳动、利用一切可得的资源、不产生任何生活垃圾。办公共食堂，则需要使用整劳力，进行专业化、正规化的劳动，上述方式则无法存在。这可以解释为什么"大跃进"时期农民对公共食堂如此抵触，办公共食堂为何会降低土地产出率、浪费资源。在工厂办食堂则是专业化分工，能够提高生产率。同时，在工厂的生产和其他环节，退休老人和半大孩子的零散的劳动是不可能加入其中的。如果考虑到生产与生活

---

① 《中共中央转发毛泽东批示的几个重要文件——胡乔木关于公社食堂问题的调查材料》，《建国以来重要文献选编》（第十四册）。

方式相结合问题，充分利用一切劳动力和资源，本报告非常倾向于生态循环农业一般都是小规模多样性的家庭农业。

相比普通的农业方式，生态农业在土地产出率、农户家庭收入方面要优胜。以农户家庭为单位计算在不新增劳动力条件下产量也增加，不过总的劳动投入增加了，所谓农闲不闲，老少皆忙。计算劳动生产率的时候，要考虑到农户增加的劳动投入其机会成本为零，也就是如果不投入因为生态农业而增加的劳动中，也仅仅是闲着而已。[①]

中国小农经济以家庭为单位的多种经营，达到了人尽其力、物尽其用的效果。充分利用了妇女、老人、少年等半劳力的劳动，也使得农闲不闲，使得农家原有的闲置劳力得以尽可能多地参加生产活动，从而创造更多的财富。充分利用了资源，保持了地力，且对环境友好。这种农业是勤劳农业，劳动投入总量大；这种农业是技艺农业，主要劳动者必须具备相当的经验与知识。多种经营导致每种产品数量有限，使得小农对接市场进一步困难。生态循环农业或可持续农业，形成资源节约和环境友好型的农业发展方式，同一经济单位内的多种经营却是必须的。

（四）劳动生产率、土地产出率与土地经营规模

在家庭经营基础上扩大土地规模和专业化生产，将中国小农改造为美国大农，被一些人视为保障粮食等主要农产品供给和促进农民持续增收的法门。这种见解是完全错误的。

我国传统农业一直处于世界领先地位，形成了精耕细作的技术体系，在农艺、农具、土地利用率和土地生产率等方面长期居于世界领先地位。与欧洲实行休闲制不同，中国很早就实行连种制和复种制。迄今为止，我国仍是世界上土地利用率最高的国家之一。在

---

① 李伯重：《十六、十七世纪江南的生态农业》（下），载《中国农史》2003年第4期，第42—56页。

全世界农业发展较早的国家中，我国是没有出现地力衰竭的仅有几个国家之一，这主要得力于中国农民善于利用生产、生活上的废弃物给土地施肥。中世纪的西欧，收获量只有播种量的三四倍，而当时的中国达到十几倍、几十倍以至上百倍。欧洲自古反倒是极其落后的农业耕作方式。

黄宗智的研究则得出了这样的结论：从劳动力和土地的配合角度来说，美国的模式是比较"粗放"的、单位劳动力用地较多，单位面积用劳动力较少，因此其单位劳动力产量较高，但单位土地面积产量较低。1970年美国一个男劳动力种2475亩地，日本30亩。美国单位土地产量则较低，其每亩的产量在1880年是日本的六分之一，到1970年只是日本的十分之一。美国农业那样的要素组合意味的是，每劳动力产量（以小麦等数计算），亦可以说是"劳动生产率"，远高于日本。[①] 农业经济学领域已经有了大量的实证研究，表明增加农户的土地规模并非一定带来更多的粮食增产。最近各地规模经营实践的现状再次证明了农业经济学对土地效益与规模经营成反比关系的结论。

就实物产出而言，中国土地利用效率远远高于美国。美国有耕地29亿亩，中国18亿亩，2007年，中国生产粮食5.01亿吨，美国3.63亿吨。中国耕地面积是美国的62%，但产出的粮食却是美国的138%。美国平原多，我国山地丘陵多，其他条件相同山地丘陵区的粮食产量肯定要低于平原地区。美国由于人均耕地占有量较大，实行休耕制度，即播种一年休养一年。从地力看，休养之后产量肯定要增长。

我们知道，美国农业模式是大农场。如果中国学习美国，实行单位大规模的种植。美式大农会实行机械化、规模化生产经营，喜肥厌瘦，经营水土条件好的整片农地，放弃土壤贫瘠的、小块零散

---

① 黄宗智：《"家庭农场"是中国农业的发展出路吗？》，载《开放时代》2014年第2期。

的，从而大面积造成土地抛荒现象，降低农产品总产量，因为我国地势崎岖的耕地多。我国有18亿亩耕地，实际上大约只有6亿亩是大片平坦的耕地，可以进行单位大规模经营。对于高低不平的耕地而言，一千亩倒有两千块，怎么进行土地的规模经营？贵州是我国的农业大省，但没有平原，其中92.5%的面积为山地和丘陵，贵州的耕地多为坡地和梯田，即在平缓的山坡上修成一层层的平坝，平坝再切割为小块田块，这种狭小、错落的坝子田就是贵州农业的基本形态。贵州人均耕地面积只有0.67亩，但是，近年来贵州的粮食自给率在90%左右，肉类、蔬菜、茶叶则能够大宗输出。如果按照美国方式经营农业，那么贵州还能有多少农业存在？

在人力投入上，美式大农与中国小农经营正好相反，会尽量减少人工成本的投入，转基因农业之所以在美国、阿根廷、巴西大行其道，正是因为能够节省劳力投入。但是，与精耕细作小规模相比，整块土地规模经营会造成单位亩产量的下降。我国因人多地少，勤劳、智慧的农民在长期农业生产中总结出许多独特的种植技术和地力培肥技术，美式农业会使得这些技术消失。

如果中国农业美国化了，我国农产品总产量如何？能否达到现在水平？本文的结论则是，总的粮食产量将会大幅降低。

二 食品安全优良与农业模式

（一）中国人食品安全的关注也包括食品优良

食品安全风险仍然是当今世界各国普遍面临的共同难题，全世界范围内的消费者普遍面临着不同程度的食品安全风险问题，全球每年因食品和饮用水不卫生导致约有1800万人死亡，即使发达国家也存在较高的食品安全风险。食品安全风险在我国表现得更为突出，与此相对应的食品安全事件高频率地发生，全球瞩目。这个问题如此重大，以致习近平说："能不能在食品安全上给老百姓一个满意的交代，是对我们执政能力的重大考验。我们党在中国执政，要是连个食品安全都做不好,还长期做不好的话,有人就会提出够不够格的问题。所以,食品安全问题必须引起高度关注,下最大气力抓好"(2013年12月23日在中央农村工作会议上的讲话)。

另外,如果以质检总局、各地质监局以及中央和各地的食品药品质量监督局认定的那些"安全"标准,"食品安全"这个词不能完全表达中国人对"民以食为天"的"食"的全部关切。当下中国人对食品问题的关切,可以概括为三个方面:安全、养人、美味多样。食品养不养人,同营养是否充足还不一样,因为这是一个中国传统饮食文化的概念,中国的食物养生理论和中医有着紧密的联系,源远流长博大精深。至于美味与否,则取决于中国人的舌尖,我们知道,食物和味道的名词,在汉语中最丰富,类似于雪的种类在爱斯基摩语那里,马的种类在蒙古语那里的情形。

胡博(《舌尖上的中国2》第三集导演)说:中国人很喜欢中国菜,有时候我们会说,中国人可以走到哪里就可以想办法种点菜,即便有一个小阳台,也会想种一点小蔬菜,能有什么样的都行。因为觉得自己种的蔬菜,没有经过农药,没有经过过多的这种人工的化肥刺激的话,它更有蔬果的香味。这是中国人对土地的一种热爱,就像不断追求一样,大家的记忆里面,就是觉得自己亲手种出来的,没有污染的绿色蔬菜是最好吃的。

许多中国人的看法,安全食品就是生产过程完全"天然"的食品。一旦在生产过程中使用了某些物质或技术,就是不那么安全的,这些物质和技术包括农药、化肥、抗生素、激素、化学添加剂、防腐剂,以及基因工程技术。对于接受现代西方科学标准的人来说,这种观点显得愚昧,因为所谓安全食品,应该指的是不含有不必要的有害人体的物质的食品。照这个定义来看,化肥是几乎不可能成为不安全因素的,因为一切化肥被植物吸收后都会转变为其他物质,而不可能在食品中残留。除非是采用根外施肥技术,才可能存在化肥残留于食品表面的问题。但是,对同时拥有中国传统中医和食物养生理论的中国人来说,这种观点非常正常,因为这不是西方的科学理论，而是中国传统的中医养生理论。在中医看来："橘生淮南则为橘，生于淮北则为枳"，中药材历来讲究原产地，是为"道地"。当归，必须是甘肃定西地区的。大黄是甘肃礼县铨水乡的，生地，那就是河南焦作、温县，山西临汾、运城这一带，别的地方都不行。药王孙思邈更在一千多年前指出，不按时节采摘的中药材，有名无实，跟烂木头没有什么两样。药用价值极高的辽五味子，到10月才能采收；桔梗生长两三年才能达标；杜仲等皮类药材，皮必须有0.3厘米厚，树龄一般10—15年，折断后杜仲丝拉都拉不动，那才有效；黄芩5寸长才能用；甘草、大黄三年以上的才能达标。上述中药材标准，至少到目前，无法用物理化学检测的办法找到根据。

中国人对安全优良食品的认识，既有科学的，用现代科技手段可以检测出来的；也有哲学的，这就是中国传统的天人合一哲学，是为中医中药的基础。这就是为什么工业化农业产品和转基因农业产品在中国境遇特别微妙的原因，因为这些产品即使通过了科学手段的检测证明是无害的，但是过不了中国传统哲学这一关：这些产品是不自然的，令人厌恶的，是不养人的。

中国人的传统食品哲学，是否有道理？我们需要知道如下事实：这是一个源远流长的在广大人群中流行的传统，在此传统内部建立了主体间性意义上的客观的标准，能够鉴定好医生、好食物与坏医生、坏食物。这带来了政策与法律制定方面的问题，例如与中医有关的诉讼中，法官或立法者是否基于现代医学标准一律视中医为欺诈，还是基于中医和中医人群内在的但是相当具有主体间客观性的标准确定何为欺诈。我认为，审慎的政治法律理论应该是后者，说到底，所谓客观最终是主体间性意义上的客观。

关于中国传统食物哲学的作用，可以举坏血病在东西方的历史为例。西方大航海时期困扰西方远洋航海的坏血病，曾经造成总计数百万水手以及贩运的奴隶死亡。在欧洲大航海开始之前60年的中国，郑和也开始了长达近30年的七下西洋航海活动。四次有文字明确记录的随船军人、水手,每次多达两万六七千人,每次时长都在两三年之间,除了事故和个别与当地土著冲突伤亡外,几乎没有因坏血病而减员的,这和西方嗣后长达两百年之间为争夺海上霸权和对外掠夺,或开展贸易而长期航行在海上,动辄因坏血病而死亡过半,远过于因战斗冲突而死的人数形成鲜明对比。原来中国人带着茶叶和绿豆出海,随时都可以将豆子发成豆芽,从而得以补充到充足的维生素C。郑和船队随船装载的军需粮秣与抗坏血病有关的物资:从福建长乐军港出发前采购的绿茶,数量不小的各种水果、蔬菜、淡水,泡制的坛装泡菜等各种食物、发豆芽用的大豆等,中途靠岸尽可能补给新鲜蔬菜和水果等,同时补充腌制泡菜等。

中国人航海史上罕有坏血病的发生,不是因为中国人的科学发达,而是其基于素朴哲学的饮食习惯,光吃肉不吃菜在中国人看来是非常不自然不习惯的一件事情。当时的中国人并不知道坏血病的原理,也不知道什么是维生素C。今天防治坏血病的方法变成了服食维C片,但是这仍然通不过中国式哲学,橘子不能被化约为维C片。中国的航海者和先辈们一样,喝茶,发豆芽、豌豆苗、萝卜苗等,继续种菜,但也并不是刻意想到这样做的目的是防止坏血病的发生。

生态多样性农业,对比工业化单一种养殖农业,前者确实对于生态环境更为友好,这是此种农业模式的正外部性,但是中国人对于前一种农业的好感,究竟来自科学还是自身的哲学,是一个问题。我们需要谦卑和审慎,尤其是面对一个源远流长流行人群广大的传统,科学不可能道尽一切道理,也不可能给我们生活全部的指导。所以结论是,除非不得已,生态农业多样化农业应该成为中国人的选择。

中国人有着丰富的美食传统。中国人的舌头是世界上最敏感的。汉语中有着世界上最丰富的食品种类,最多样的食物烹调办法,最丰富的对食物味道的描述,例如"鲜、嫩、酥、脆、爽、糯、滑"等，很难译成外语。中国的美食传统是和中国多样性的地理环境和小农多种经营生态循环的农业模式联系在一起的。世界上有两种农业形态，一种是一个县一个地区只种植一种作物，一人种千亩。一种是一户种几种作物还有水果蔬菜，养牛鸡鸭鹅等，一户种不过数十亩。中国人饮食习惯，极端精细的舌头，到一个地方就寻找当地土特产的习惯，是后一种农业培养出来的。由于产品是如此的丰富多样，和工业化标准产品相反。特产的概念，在全国是某省某地，在省则为某县，在县则为某乡，在乡则为某村，在村甚至则为某家。我以前回老家的时候，祖母会特意订购某家人生产的樱桃，某个山坡坡面出产的桃子，告诉我味道不一样，因为即使在一个村里，还有特殊产品，这些产品仍然具有特殊价格。

中国人非常同情"慢食运动"的观点：所谓"慢食运动"，是号召反标准化、规格化生产的单调的快餐食品，提倡有个性、营养均衡的传统美食。慢食主义者主张务求出品的食物优质健康，提倡吃纯正的味道和时令的食材。"慢食运动"始于 1986 年。当年美国的快餐业巨头麦当劳在罗马著名的西班牙广场纪念碑的台阶旁开了一家快餐店，意大利美食家卡洛·彼得里尼对此非常愤怒，于是发起了保护传统美食的"慢食运动"。据资料显示，由于迅速扩张的工业性食品产业对地球环境造成负面影响的不断扩大，在 20 世纪，人类数千年培育出的蔬菜品种有 33％绝种了。

中国人一定非常不乐意中国的美食文化传统消失，就像英国饮食那样。英国的饮食一向被评论为糟糕透顶，英国人自己也非常喜欢拿自己的饮食与天气来揶揄嘲讽。

英国饮食的糟糕和工业化紧密相关。中世纪和文艺复兴时代，农业时代的英国饮食要比进入工业时代以后的英国好。都铎王朝的亨利八世留下了众多宫廷与民间饮食记录，那个时代英国人食物的种类、取材范围、方式要比现在丰富很多。从宫廷食谱上看，那个年代的英国人使用不同原料、用不同方式制作的菜肴也比后来更加丰富，至于味道如何，我们只能想象了（有些食材早已灭绝），但至少不像现代英国饮食那样单调贫乏。工业化和普遍城镇化以后，随着生活节奏的加快，以及生鲜食物原料保存技术跟不上生活方式的进步，食物原料从收购、储存、运输到零售，到最后经过加工直到进口整个环节产生深刻变革，简单的商业化快餐食品逐渐排挤了各家各户自己食品的生活方式。经过一两代人的时间，中世纪遗留下来的不列颠传统随着众多农民进城变为孳生于肮脏城市角落里的市民，而消失在工业时代快节奏的城市化生活方式中，这样后代的英国人忘记了早先的美味。日常生活对半工业化、工业化制作的食品的依赖性越来越大最明显的一个例子是，西方社会普通家庭对罐装食品的依赖性比我们大得多，而中国的罐头行业，国内市场消费和西方相比，要萧条得多。

上述讨论能够部分地解释为什么食品安全问题让中国公众一直感觉很严重，甚至严重高于"科学"检测的结果。因为我国的农产品和食品生产模式确实越来越接近工业品制造了。中国人因为源远流长的中医养生文化传统，对食品的认识和西方世界并不完全一样。实际上，表面上是对于食品安全的关注，其实包含了对食品养生和美味的关注。在中国，有机农产品有着更大的溢价。恒大集团向市场推出了只有"土豪"才能消费得起的粮油产品：有机大豆油每斤239元，有机大米每斤63元，是同类产品的近30倍。恒大绿色大豆油（菜籽油）每斤21元，恒大绿色大米13元/斤。

大众对食品安全的关注还包含有对于工业化的农产品和食品生产过程的某种程度的不信任。这是实际问题，也是一个信心问题。面对食品生产经营主体量大面广、各类风险交织的形势，靠人盯人监管，成本高，效果也不理想。完善监管制度，强化监管手段，形成覆盖从田间到餐桌全过程的监管制度，也不能真正解决问题，尤其是打消民众的疑虑。对消费者来说，没有"你吃我也吃"的机制，食品不是社区的、几辈子熟头熟脸的人生产出来的，必然产生疑虑，监管既是必要也是高成本的。此类问题，内部化或一体化可能解决起来更好。正如看小孩的保姆，怎么专业怎么监管也不如小孩的爷爷奶奶放心，监管厨师的饭菜质量不如让厨师也吃自己做的菜。食品生产者与消费者的熟人关系或"你吃我也吃"机制能够节省大量的监管和执法成本，消费者也能够真正放心。

什么是好的食品？其标准是不变化的，今天没有人想回到以前的通讯状态去。在过去，即使是富人他们也不可能使用手机，尽管能够打得起电报。可是，人们怀念以前的食物，好的食品是什么？可能是几千年都是不变的，未来也不会发生变化。

本报告认为：需要综合考虑各种因素，审慎判断，才能对中国的农业模式、食品问题提出解决方案。也许存在一种极为适合于中国的农业模式，此种农业模式有多方面的优点，也能够在源头上解决食品安全问题。在今天，此种农业模式的成长当然主要靠制度与公共政策的塑造。

（二）食品安全优良与农业生产方式的关系

面对中国的食品安全问题，不断有人进一步把视野延伸至监管和道德滑坡之处，注意到生态农业和农村的凋敝。

2012年3月4日，中共十二届全国人大第一次会议在京举行预备会议。湖南省省长徐守盛在会前接受记者专访。徐守盛表示只有发展生态农业才能确保从源头上解决食品安全问题。徐守盛指出生态农业就是有机农业，这是全国人民都关注的食品安全问题，只有发展生态农业才能确保从源头上解决食品安全问题。因此，抓农业现代化建设首先要从生态农业上抓起。

倪金节在FT中文专栏发表了一篇《食品危机根在农村衰败》[①]的文章，持有类似观点的还包括网易CEO丁磊和农村问题专家温铁军。倪金节认为，食品安全事件频发与农村的衰败紧密相关，不能将所有的责任都归咎于监管渎职和道德滑坡。他引用网易CEO丁磊的话说，"我们GDP成为全球第二，但农村还停留在原始状

---

① 英国《金融时报》中文网2011年5月16日。

态。最近出现的墨染粉条、毒奶粉、染色馒头等食品安全问题主要原因在于我们忽略了农村，只把目光盯在城市，忘记了农村的生产力水平多么低。"本来，农村应该成为城市粮食、蔬菜和食品的主要提供者，而如今不少农村也已经成为农产品的需求者，两相重叠使得食品供求关系加速失衡。于是，在监管不到位和法律不完善之际，食品产业过度工业化致使食品危机不断发生。

食品安全与生态农业的关系似乎不难理解。

现代农业和食品体系在食品供应和食品多样化方面取得巨大成就的同时，也不可避免地产生如下严重问题：1. 过量无机肥料和农药的使用，使农业生产立地条件（包括土壤、养殖水体等）受到破坏，生产力下降；2. 由于大规模开垦和过度利用，农业活动引起生态环境的恶化，如荒漠化、河湖以及地下水污染、沙尘暴等，包括全球层面的生物多样性的减少以及气候变化等；3. 农业立地生态条件的破坏和外部生产环境的恶化导致较为严重的食品质量下降和食品安全问题；4. 由于食品链的延长以及缺乏农民组织，农民从食品供应链增加值中获利最少，农民利益得不到保障，食品体系中存在严重的利益分配不公平；5. 世界范围内，饥荒与营养过度并存，热量过剩与微量营养元素不足同在，大量食物中存在有害残留物，这些都导致了人类的营养不良和疾病。[①]

原始农业和传统农业旨在逼近可达到的增长极限，而现代农业旨在形成突破极限制约的能力。这种能力具有两重性：一方面，它解决了农产品短缺对经济增长的制约；另一方面，农产品的过快增长造成了农产品剩余，并对生态环境施加了一系列负面影响，如过量使用化肥造成的水体富营养化，过量使用农药造成土壤中有毒元素的增加，过量使用塑料薄膜造成土地中含有大量不易溶解的化学物质，以及农产品中的有害物质超标等。为了消除这些负面影响，

---

① 檀学文、杜志雄：《从可持续食品供应链分析视角看"后现代农业"》，载《中国农业大学学报》（社会科学版）2010年3月，第156页。

人类进行了将生产循环与生态循环有机统一起来的技术创新，由此形成了生态农业。所谓生态农业，就是通过可再生资源对不可再生资源的替代，低物级（能级）资源对高物级（能级）资源的替代，实现经济再生产与生态再生产的统一。①

现在，我国农业面源污染是最大的污染源，导致了严重的食品安全与生态安全问题。种植与养殖造成的源头污染，化肥、农药、兽药、生长调节剂等农用化学品的大量使用从源头上给食品安全带来极大隐患。

初步看起来，理解生态农业与食品安全的关系也很简单。以我国的广大农村最常见的生活方式为例，生态农业最基本、最简单的生产过程就是：将农民废弃的秸秆，加工成牛羊可食的"面包草"，先用来养牛提高农民收入；然后将秸秆中的能源变成牛粪；再将牛粪变成沼气、沼渣、沼液；有机肥及沼渣等还田取代50%以上的化肥。农民做饭取暖的能源完全来自沼气，替代煤炭、天然气和电炉，基本实现农村能源自给自足，并略有盈余进一步供应城镇。在这个过程中，几乎所有的农药都被禁止使用，因此很少会发生农药残留问题。即使存在一些残留物，它的影响范围和程度与非生态农业相比都非常低。因此与工业化大生产的农产品相比，其生产的农产品农药残留显然更少食用也更安全。

从发展生态农业和复兴农村的角度解决食品安全问题，是个非常重要的思路，也能够满足中国人对食品问题的所有关切。

三　中国小农经济面临的真正问题

中国传统的小农经济不是没有问题，但不是劳动组织方式和生产方式的问题，小农经济以家庭为单位是有效率。将小规模和精耕

---

①　李周：《生态农业的经济学基础》，《云南大学学报》（社会科学版）2004年第2期。

细作联系在一起；将多种经营和资源节约循环利用生态保护联系在一起。中国小农经济面临的问题是私有土地制度导致的地租竞逐和地租享有不均；私有土地制度妨碍了土地利用的整体性，破坏了农业生产的基础条件；农业的社会化服务体系不健全，单凭小农自身无法解决；工业化时代农业产业的天然弱势问题。

（一）地租竞逐和地租享有不均

中国小农经济并不是与特定的土地所有制联系在一起的。无论是封建土地制度或井田制，国家授地土地制度或均田制，自由土地制度或私人地主制，还是集体所有土地制度或村社制，都可以发展小农经济。中国古代土地兼并最厉害的时候，仍然是小农经济，这是针对佃户的生产形态而言的。秦朝之后中国主流的土地制度是私人地主制，土地可以自由买卖，地租可以被私人竞逐性无限占有。这种经济制度实际具有恶性资本主义特征，造成地租竞逐和地租享有不均。

掠取地租的竞争是经济发展的内耗，高地价是社会财富的耗散，由于社会成员普遍需要攒钱买地，还造成内需不振。胡如雷指出：我国封建社会土地买卖的存在是地价存在的基础，而地价的存在本身是一个巨大的浪费。对于通过购买土地而发展成自耕农的农民来说，地价占去了他们一个相当可观的财富，而这部分财富本来是可以用于生产垫支的。希望上升为自耕农的佃农，也会把一定的经济力量储备起来，以便支付地价，从而减少了他们的生产垫支。地价的较早出现，是我国封建社会的特点之一，也是我国封建社会所特有的一个经济上的浪费现象。[①]

竞争性获取地租的社会激励和地租占有的不平等非常有害于工

---

① 胡如雷：《中国封建社会形态研究》，生活·读书·新知三联书店1979年版，第97页。胡文中用了"封建社会"一词，本文认为，封建社会的特点是地租基于身份分配、土地不可买卖，同中国秦后土地制度主流绝不相同。

业化，也让社会无从发展内需。现在有些人以地主是勤俭持家的来翻土改的案。本文认为，以周扒皮为代表的解放前中国农民极端勤俭节约的"攒钱买地"行为是普遍的，也因此，要比恶霸南霸天之类的行为，提供了更深刻的更大的土改正当性的理由，尤其是日后土地集体化的理由。日本、韩国、中国台湾的土地改革后建立的也不是自由土地制度，而是类似于中国历史上的"限田"制，限制每户占有土地的数量和土地占有者的身份。

中国历代变乱的原因除了政府暴政腐败，还有土地的集中——即社会成员地租享有的巨大差距，两者都要重视。此所谓土地兼并问题，历来为历代大儒重视，且提出解决方案。前贤的努力，用一句话来说，就是追求地租在社会成员中公平分配。

中国土地革命开始和历朝开国一样，实现了均地小农，直到农业集体化才算完成制度创新，建立了村社土地制度，彻底打破发展陷阱，消灭了攒钱买地的"攒"字。中国历代大儒董仲舒、王莽、张载、海瑞的理想，通过共产党的努力得以实现，也可以说建立了一个新的井田制。集体化之后的失误是另外一个问题，特别是忽视农业生产的特点，村社共耕或者集体农业生产体制导致的低效率和对中国小农经济优良传统的破坏。

（二）私人地主制度造成农业基础生产条件的破坏

中国的私人地主自由土地制度，形成了剧烈的地租竞逐并且产生地租占有严重不均的趋势，但是，这并不意味着地主能够占有完整大块的土地，土地不均是地租占有或地权的不均，土地占有的实际状况则呈现出极端支离破碎的情况。"土地占有的集中乃是与田土地段的分散结合在一起的。"[①] 在明朝以后，通常田主的土地并非阡陌相连，而是互相交织，呈犬牙交错的状态。在江南一带，这种情况更为突出。由于每户土地的面积太小，在经营管理过程中容

---

① 任志强：《明以降农村土地细碎化研究》，载《农业考古》2009年第4期。

易发生纠纷。纠纷的原因主要是争水与界线争端。土地的细碎化导致耕作的困难，最小的土地出租者，每年的地租竟然只有几斤粮食。

胡靖的研究认为，中国以前主流的土地制度导致农业生产的基础性条件被破坏。农业生产条件，如山地、耕地和水资源，本身具有较强的、不可分割的整体性、系统性特征。如果这种整体性、系统性被破坏，则农业生产条件的功能将会被大大削弱，甚至消失掉。土地利用的整体性不能和土地规模经营混淆。私有产权，尽管可以通过合作延伸其制度的空间。但是，这种空间仍然非常有限。在很多必须的领域仍然受到产权壁垒的阻挠。[①] 中国恰好是一个幅员辽阔的季风性气候地区，同时出现水灾与旱灾是再正常不过的事情，要最大限度保证农业生产稳定，对于各种范围的水利建设的需求很大，中国农业自古以来就不是欧美靠天吃饭的农业。

可以说，中国以前主流的土地制度是一种严重的"公地悲剧"型制度，集中表现在剧烈的地租竞逐社会负和博弈，地租不均制造的激烈社会矛盾，同时还严重制约土地整体有效利用的可能性。

（三）农业社会化服务体系不健全

传统中国小农经济问题也在于农业社会化服务体系的不完善，他们面对的是剥农、坑农的社会与商业环境。

叶圣陶先生的短篇小说《多收了三五斗》，将中国小农经济的问题展现得活灵活现：高地租、苛捐杂税、高利贷、谷贱伤农等。因为农业耕种同时，收获同时，因此受到粮商和农资供应商的盘剥，所谓农民卖什么什么就贱，买什么什么就贵。

中国小农经济是相当商品化的经济，绝对不是什么自给自足的

---

① 胡靖：《毛泽东的"所有权"革命》，载中国乡村发现网 http://www.zgxcfx.com/Article/62017.html。2014 年 6 月 7 日访问。需要注意，本文认为中国以前是私人地主自由土地制度，绝非什么"封建制度"。

自然经济。一家农户，不可能做到自家生产一切需要的商品，农户需要不断和商品市场以及资金市场打交道：农产品的销售、农资和生活用品的购买、再生产和生活急需导致的借贷等。农产品集中入市、鲜活不待时、交易半径的狭小、农户只能提供多种少量产品（因此没有销售层面的规模效应）、零散购买农资等因素，使得中国小农对接市场有着最严重的困难，同时深受高利贷的剥削。

历代政治家改革也关注到此问题，大儒除了井田梦，还有均输平准策。王莽改制实行"五均六管"，在国都长安及五大城市设立五均司市官，政府管理五均赊贷及管理物价，其中规定五谷布帛等生活必需品滞销时，由司市官按本价收买。百姓因祭祀或丧葬无钱时，可向钱府借贷，不收利息，但分别应在十天或三个月内归还。因生产需要也可贷款，年利不超过十分之一。王安石改革中的青苗法，规定凡州县各等民户，在每年夏秋两收前，可到当地官府借贷现钱或粮谷，以补助耕作。借户贫富搭配，10人为保，互相检查。当年借款随春秋两税归还，每期取息2分。

大儒王莽和王安石的改革，看到了问题，但是改革都失败了而没有解决问题。

（四）工业化时代农业产业的天然弱势问题

本文前面提到了农业生产的生物学基础或者说产业缺陷，即农业生产过程中分工协作的效益很弱。杨松林则详尽分析了农业产业的特点，核心观点是相比二、三产业，农业劳动生产率提升的特殊难题。① 即技术进步率的空间；产业链扩张的可能性空间；产业可利用资源的空间；产业内部的组织化程度提高的空间，从几个角度看农业与制造业，会发现农业处处处于劣势。农业技术进步空间少，产业链扩张空间少，再如前文揭示的农业分工无效率，只适合家庭

---

① 杨松林：《三农问题的出路》，见 http://www.docin.com/p-261391763.html。2014年6月7日访问。

经营。因此是农业产业自身客观因素造成农民收入趋向降低，农村生活趋向恶化。没有工业化，没有城市化和服务业的发展，农业不显出这个劣势。而一旦进入工业化和城市化，问题就都出来了。

因此，仅就农业本身而言，农业提高劳动生产率的主要办法只能是高资本密集型，如美国那样，装备高技术装备并使得劳均耕地达到1000亩，方能使得农业劳动者收入与其他产业持平。但即使学者们最推崇的美国，没有每年劳均1万美元的农业补贴，照样存在"三农"问题。

增加农业生产者收入还有另外一种办法。在市场经济条件下，使得农业与涉农二、三产业为同一批人经营，以后者之利补前者之不足，是解决农村经济在工业化城市化后必然衰败的问题思路。这种思路的原理是：我们无法解决农业技术进步率低于工业和服务业的问题。可能的办法是将与农业关联比较紧密和农村经济范畴内的一些行业"划归"农村，成为"农村经济"的组成部分。这样会有效扩大农村经济活动总量，并在"农村经济"中增添了技术进步率同样很快的非农产业，使农村经济整体劳动生产率增大了可能性空间。这就有希望减弱甚至扭转农村经济劳动生产率始终低于城镇经济的趋势。

根据杨松林的计算，以2006年为例，我国如果使得涉农二、三产业，如农副产品加工和销售、农资和县以下消费品零售、农业信贷和农村保险都由农户们的合作经济组织来经营的话，那么整个农村经济规模将增加3倍。各级农户合作组织经营上述业务，使广大农户分享涉农二、三产业的利润，是在工业化时代我国传统男耕女织、农闲从事手工业模式某种形式的复归，却适应于工业时代、信息时代规模经济、产业分布的要求。中国农民从来不是纯粹的农民，只是兼业的村庄居民，当年不是，现在也不应该是。涉农二、三产业既不同于农业，也不同于汽车制造、炼钢、出口代工等需要高度聚集的产业，有规模效应，分布上却不能高度聚集而是需要广泛分布，因此适宜不同层级（乡、县、省、全国）的农户合作组织举办。

四 当代中国农业的现实与可持续农业

(一) 当代中国农业的现实困境及发展模式争论

1. 中国农村的凋敝与城市化的难题

2011年，中国城镇人口首次超过农村人口，占比达51.27%。新生代农民涌向城市，掀起了世界上规模最大的农民进城潮。外出务工潮导致农村近20年，尤其是刚刚过去这10年的急速萧条和破落不堪。随着"80后"和"90后"新生代农民工成年，农民从事农业生产的积极性大幅度下挫，土地荒芜成为普遍现象。由于农村经济的崩溃，农民、农村并不能从食品经济的整个环节中分到多少利益。

当农民奔向城市务工、生活时，他们很快发现，让城市接纳他们是何其之难，要想融入城市生活更是难上加难。同时，即使到2030年，我国城镇化率达到70%，仍将有超过5亿人口居住生活在农村。这些人口往往又是弱势群体占了很大数量。中国城市化进程在制造城市贫民窟的同时，又将最弱势群体抛弃在农村。2013年5月9日，全国妇联课题组发布的《我国农村留守儿童、城乡流动儿童状况研究报告》显示，中国农村留守儿童和城乡流动儿童总数已超9600万，其中农村留守儿童6102.55万，城乡流动儿童3581万。

这些年，我国农业劳动力老龄化很快，据测算，2013年农业从业人员中50岁以上的比重已超过40%。同老龄化一并出现的还有农业从业人员女性化和低文化程度化。出去的不愿回乡干农业，留下的不安心搞农业，这种现象比较普遍。长此以往，再过10年、20年，谁来种地？如果不及时解决这些问题，农业后继乏人将日益严重。这不是杞人忧天，而是必须面对的严峻挑战。

2. 中国粮食安全面临严峻挑战

中国政府提出粮食自给率稳定在95%以上，到2020年粮食综合生产能力要达到5400亿公斤以上、全国粮食单产水平提高到350公斤左右、保证人均粮不低于395公斤。但到2020年，即使耕地保有量以不低于18亿亩为界，也意味着在耕地面积减少的情况下，要不断增加粮食产量，满足粮食消费的需求。农业发展速度仍然是明显赶不上社会对农产品需求的增长速度。

3. 农业面源污染与食品安全问题

现在，我国农业面源污染是最大的污染源，导致了严重的食品安全问题。种植与养殖造成的源头污染：化肥、农药、兽药、生长调节剂等农用化学品的大量使用从源头上给食品安全带来极大隐患。全国每年氮肥的使用量高达2500万吨，农药超过130万吨，单位面积使用量分别是世界平均水平的3倍和2倍。过量地施用化肥会造成蔬菜中硝酸盐积累增加，对人体造成危害。农药残留超标，兽药、生物激素和生长促进剂使用不当，以及养殖环境的污染，都造成大量含有危害物质的粮食、蔬菜、水果、肉制品、乳制品等不合格产品充斥着市场。中国的食品安全问题突出，连续的食品安全公共事件已使食品安全成为重大的民生和政治问题。根据2000年美国环保总署的水质报告，与1998年的情况相比，在所评价的河流、湖泊和海湾中，分别有35%、45%、44%受到污染。污染的主导因素是养分、沉积物、重金属和病原体。这份水质报告表明，农业活动，包括农作物生产、畜禽养殖、牧场，影响了20%以上评价河段的水质。在受到污染的河流中，有59%的河段是由于农业面源污染造成的。

4. 中国资源和生态环境的承载能力已达极限

中国以占全球19%的人口，生产了全球67%的蔬菜、50.1%的猪肉、30%的大米和71%的水产。但是粮食产量的提高是在耕地面积缩减的情况下，依靠大量的化学肥料的投入提高单产的结果，这种产量提高很大程度上是以牺牲生态环境为代价的。1998

年至 2011 年间，我国的耕地减少了 1.23 亿亩，但 13 年间我国粮食产量的增加与化肥使用量成正比。

中国人均占有水资源量约为 2200 立方米，不到世界平均水平的 28%，每年农业生产缺水 200 多亿立方米。全国农业源的化学需氧量（COD）排放达到 1320 万吨，占全国排放总量的 43.7%，农业源总氮、总磷分别为 270 万吨和 28 万吨，占全国排放总量的 57.2% 和 67.4%。中国的资源和生态环境的承载能力已达极限。

我国目前每年透支 20% 的生态和环境，生物多样性减少与失调，动植物物种的加速灭绝，森林、草地、湿地的退缩，江河湖海水质恶化，恶劣气候蔓延，各种病虫、杂草灾害猖獗，等等一系列生态问题深入骨髓，而应对之策仅限于被动的、单一的线性思维，缺乏包容性、整体性、将经济、社会、环境三大系统整合起来的战略决策。

5. 全球与中国的小农经济现实

有关机构估算，目前全球约有 34 亿人口生活在农村地区，主要依赖农业生存，而全世界从事于小农农业（全职或兼职）的人口约 25 亿。小农农业在粮食生产和自然资源管理中扮演极其重要的角色。在农业现代的发展潮流中，小农家庭农业不仅没有消亡，部分发达国家更是出现了"再小农化"的趋势。

我国历来是以小农家庭农业为本的国家。目前，我国耕地总面积为 18.26 亿亩，人均耕地面积仅为 1.38 亩，户均 6.7 亩，约为世界平均水平的 40%，我国的国土面积，山区约占 2/3，适合规模化经营的较少。这些客观条件决定我国农业的发展要以家庭兼业化经营的农户为主体，农业小规模生产会占主要地位。全国共有农业生产经营户 1.98 亿户，其中纯家庭农户 1.67 亿户。人口多、耕地少、农业人口基数大、小农家庭经营是我国的基本国情和农业生产的基本特征。

6. 中国农业模式的主流见解与争论

中国传统的小农经济，特点为以家庭为单位小规模多种经营。

"落后""没有前途"一直是主流的共识，所以要"改造"或"消灭"。这些见解，影响了新中国成立后一系列政策。这一系列政策，方向往往与中国传统小农经济的特点相反，如不管是集体农庄还是农业公司追求农业的集体生产而非家庭经营；如鼓励扩大单位土地经营规模而非小规模精耕细作；如强调走专业化生产的道路而非多种经营。

在最近几年中，主流见解将"集中化、产业化、规模化、专业化"作为农业现代化标志，视为保障粮食等主要农产品供给和促进农民持续增收的法门。在中国农业经营模式方面，政策鼓励承包经营权在公开市场上向专业大户、家庭农场、农民合作社、农业企业流转，发展多种形式规模经营。在地方政府的有力推动下，一些地方出现了土地规模经营的高潮，要培育新的经营主体。需要提高种地集约经营、规模经营、社会化服务水平，需要发展家庭农场、专业大户、农民合作社等新型主体，同时重视普通农户的生产发展，千方百计增加农民务农收入，从而增强农业吸引力，让愿意种地的青壮年多起来。

众多的"三农"学者如黄宗智、温铁军、贺雪峰、杨团、张孝德、仝志辉、杨松林、李昌平、蒋高明等，则在不同方面，对上述模式提出质疑。

本报告认为，中国的小农经济模式有着独特的优点，尤其适合于中国的资源禀赋和其他条件。我们选择什么样的农业经营模式，这是一个严峻的政策问题。如果我们要坚持粮食的自给，在源头上保障中国人的食品安全，保护中国的生态环境，就必须坚持家庭小规模多种经营农业模式，因为这是精耕细作高土地产出率农业的前提，是生态循环农业的前提。

现在我国农业面源污染是最大的污染源，导致了严重的食品安全与生态安全问题。只有精耕细作生态循环农业，才能在源头上保障我国的食品安全，这也是土地产出量最大、环境污染最小的模式。另外，考虑到我国石油消费与生产的巨大缺口导致我国已经是世界最大石油进口国，不依赖或少依赖化石能源的粮食生产，才是粮食的实质自给。所谓粮食的实质自给，是指粮食生产过程是在国土内部的封闭循环，关键投入物不是来自外部。朝鲜的经验表明，需要进口化石能源的国家搞了美式农业，一旦石油进口断绝，粮食将出现崩溃性减产。

将中国传统农业模式视为落后，美国农业模式称为先进，是误导性观念。美国的农业成就，仅是使用工业方法开发土地和利用化石能源而已，不能离开丰富资源前提。此种农业类似于沙特阿拉伯的经济发展，而非德国的工业化成就，只是低端的工业技术应用，称不上先进。传统中国农业倒有真正的技术创新，才是全球可以普遍推广的模式。

"万物并育而不相害，道并行而不相悖"。英美曾经的工业化成就，不能证明其农业模式也是先进的。工业文明有其限度，农业文明有其优势。对中国来说，建设大工业不是要消灭小农业，城市化也不是要消灭村庄。继承传统农业优势应该是农业领域的产业战略，与工业领域的建设自主创新大型国企，相反而实相成。

（二）可持续农业发展的背景与内涵

可持续农业的概念，最早是由世界银行于 1981 年提出来的，到 20 世纪 80 年代中期才逐渐被公认。鉴于世界人口不断增加，化学农药对环境造成的污染日益严重，全面机械化对资源消耗加剧，水源质量下降，水土流失严重等问题和生态退化问题，为了寻求对策，在"可持续发展"思想指导下，提出了可持续农业这种新型的农业生产模式。可持续农业是确保人类及其后代可以持续发展和进步的农业系统，实现经济效益和生态效益的持续提高。1987 年在日本东京召开的世界环境与发展委员会第八次会议通过《我们共同的未来》报告，第一次提出"可持续发展"的明确定义是"在满足当代人需要的同时，不损害后代人满足其自身需要的能力"。可持续发展农业是指采取某种合理使用和维护自然资源的方式，实行技术变革和机制性改革，以确保当代人类及其后代对农产品需求可以持续发展的农业系统。按可持续发展农业的要求，今后农业和农村发展必须达到的基本目标是：确保食物安全，增加农村就业和收入，根除贫困；保护自然资源和环境。

可持续农业的核心是"可持续"，是指不会耗尽资源和损害环境的农业生产体系。开发这种新的农业生产模式，是为了在保持农业生产水平与农民纯收入水平的同时，减少农业生产对环境的影响；在以生态环境可接受的条件下来满足未来对食品需求的同时，保持自然资源的基础。因此，可持续农业与环境保护、社区发展和农民生计有着密不可分的关系，它是一种综合农业生产模式，是一种长远、合理利用自然资源和保护与改善环境，使农业和农村经济得到可持续、稳定全面的发展。

由联合国环境规划署—世界保护监测中心（UNEP – WCMC）和国际农业发展基金会（IFAD）联合发布的《小农、粮食安全和环境问题》研究报告指出，给予常被忽视的小农群体有利的发展条件和有针对性的支持，将会改变农村地区的面貌，并发起一场全新的、可持续的农业革命。

与可持续农业相反的是所谓工业化农业。工业化的农业，就是把工业生产的规律套用到农业，它把土壤、水资源、环境、动物和植物都当作不受自然规律支配的工业投入品，以此来组织完全以人的意志来设计和控制的大规模生产。最典型的，是大型集约化动物养殖，以及大规模单一作物种植。这两者有它们典型的问题。大型"动物工厂"为了尽可能节约成本、提高效率，将动物终身监禁在狭小的牢笼中，为了不让它们在狭小空间内相互伤害，而对它们进行"改造"，比如拔掉牛的犄角，剪掉猪的尾巴和鸡的喙；为了防止动物生病，对它们使用大量的抗生素，最终残留于食品中；动辄成千上万头或（只）动物每天产生大量废物，这些"动物工厂"常常声称具有现代化的治污手段，事实上却常常造成所在地水体、土壤和空气的严重污染。单一作物种植（英文里有个简单的

"monoculture"——单作）是指在大面积土地上只种一种作物，而且不事轮作。这种模式便于机械化，节省人力，但是，不间作、不轮作的土地是病虫害的理想温床，因此这种模式更加依赖于化学喷洒来抑制病虫害，而不像具备生物多样性的农田那样，可以利用大自然相生相克的规律来保持健康。单一的种植也意味着不种绿肥、不养动物，因此肥料也必须来自农场之外。化肥虽唾手可得，却破坏土壤、污染水源。

非可持续农业的典型是西半球的转基因大豆农业，具有超大规模、完全单一种植、产品基本用来出口这些特征。对于整个西半球而言，大豆的种植面积已经超过小麦或玉米的种植面积，阿根廷种植大豆的面积达到所有粮食作物面积的两倍，使其迅速成为一个单一种植大豆的国家。美国、巴西和阿根廷目前的大豆产量占全球80%，出口量占近90%；其中约60%出口至中国。这些大豆绝大多数是抗草甘膦（农达）转基因大豆。据说，过度喷洒草甘膦已导致转基因大豆生产国的人与野生动物患病（更不用说砍伐掉的数百万公顷天然森林与毁掉的自然草原），同时导致十多亿中国人民遭到毒性大豆的毒害。即使抗草甘膦（农达）转基因大豆在科学检测的意义上对人体无害，但是其绝对通不过中国传统饮食哲学和美食文化的检验，只能是一种不祥的和丑陋的存在。哲学和美学当然在政策选择中占有权重。

并非所有的传统有机农业都是可持续农业，例如，"刀耕火种"就是山民在初春时期，先将山间树木砍倒，然后在春雨来临前的一天晚上，放火烧光，用作肥料，第二天乘土热下种，以后不做任何田间管理就坐等收获了。一般是二三年之后，土肥就已枯竭，就不能再种植了，而不得不另行开辟。

现在相当流行的有机农业也未必一定是可持续农业。农业生态系统尤其以其基因和物种的多样性为特征。这使得该系统可以自我调节。如果认证有机种植是单一的种植的，其运作的逻辑是和工业化农业相同的，只是不使用化学农药，而是使用有机物质。可持续农业并不完全排斥化肥的使用。因为有机认证的成本很高，少数有机农控制着多数的有机市场。因此小农受到挤压，有机生产的食品是为了出口，对当地的食品安全没有任何贡献。工业化农业的错误一再重复。此外有机方式生产的食品价格更高。某种程度上，有机农业使得人类的不平等出现了此前完全没有的情况，富人和穷人在享受的基本食品米面肉菜蛋奶上的品质存在本质差异，原来的时代，富人仅仅是享受美味食品而已，而未必符合养生的要求。

中国传统的小农农业是一种可持续农业。美国的农学家富兰克林·金（F. H. King）《四千年农夫》①书中极力赞扬东亚的传统农业。金观察中国农业时注意到各地的共同特点——那就是用养结合、精耕细作和地力常新。金认为，农耕的首要条件是保持土壤的肥沃，东方各民族早已遇到此类问题，而且已经找到了解决方法。东亚三国农业生产的最大特点是，高效利用各种农业资源，并为此不惜投入劳动力。金在书中多处讲到有机肥的好处，其中最强调废物利用的重要性，在东亚，人粪尿、家畜粪尿、草木落叶等废物都不浪费而是当作肥料归之于土，这就是一种循环利用。

五 当今中国的生态循环（有机）农业实践及其问题

（一）中国当今生态农业遇到的一些难题

在中国各个地方，零散地存在着生态循环（有机）农业实践，名称并不统一，有的如蒋高明的弘毅生态农场，如"小毛驴市民农园"，如贵州黎平县流芳村的稻、鸭、鱼生态农业等。然而，这些实践却反映了一些问题：生态农业不可能孤立发展，水、土、空气是流动的；生态农业必须投入更多的劳动，其外溢的环境效益没

---

① ［美］富兰克林·H. 金：《四千年农夫》，东方出版社2011年版。

有得到补偿，而在当今的市场经济环境下，生态农业不足以在经济上可持续，即使从事生态农业的青壮劳力得到与城市打工差不多的收入。

一篇质疑有机农业的文章声称："然而，有机食品的真相是：科学试验并未证实有机食品更'安全、健康和营养'的说法，所谓'零污染'更多是营销的噱头，而且，脆弱的生态环境包括空气、土壤和水质的持续恶化，使有机农产品无法独善其身"。[①] 这篇文章有一点说得很对，就是有机农业不可能孤立存在，受制于客观的周边环境，而中国能够生产有机农产品的土地很少了。因为土壤、空气、水是流动的。

"有机观察"（Organic Monitor）的调查显示，全球有机食品和饮料的销售额2000年为179亿美元，2010年达到591亿美元，约为2000年的3倍，北美和欧洲有机产品的销售额占到全球市场的96%。中国市场的情况相对而言成长更快一些，每年大概保持30%的增长。尽管如此，中国仍不能令人忽视的是满足有机农业生产的环境越来越恶劣，最重要的3个指标（空气、土壤和水）变得越来越不适合有机农业发展。就拿最近讨论最热烈的水污染，中国水资源总量的1/3是地下水，中国地质调查局的专家在国际地下水论坛的发言中提到，全国90%的地下水遭受了不同程度的污染，其中60%污染严重，尤其令人担忧的是饮用水源地所受污染尤其重金属污染、持久性有机物污染很难被传统水处理工艺消灭。而土壤污染更不令人乐观，国土资源部统计表明，中国耕种土地面积的10%以上已受重金属污染。此外，中国耕地面积仅占世界的7%，化肥施用量却占了世界的近1/3，土壤污染已经日益严重。

事实上，有机农业的初衷在于：减少化肥、农药对环境的污染，以补偿生态环境。中国耕地资源仅占世界的7%、水资源占世

---

① 本文刊载于《财经》杂志2014年第20期。

界的6.4%、在水土光热配比的耕地不足国土面积的10%的极度紧缺的地理资源基础之上，农业的净化环境等多元功能和价值日趋丧失。市场并没有成为对此进行等价支付或补偿的手段。有机农业的正外部性无法通过市场获得补偿。

贵州省农业科学院现代农业发展研究所所长孙秋认为，必须改变整个社会的农业价值取向，国家须大幅提高对农民的补贴，才能维持农业经济效益和生态效益的平衡。要求还在为生计挣扎的农民维护生态，是不公平的。

在有机农产品的销售过程中，信息的验证问题十分突出，由于人为和非人为的原因，会不同程度地出现信息的漏损和失真，从而使消费者对生产经营者产生不信任等负面影响，最终制约有机农业的发展。信息不对称以及信息失真问题对于消费者而言非常重要。当前，适合发展有机农业的地方大部分都是在信息闭塞、偏远的农村，不管是有机农业本身的信息，还是有机农产品的销售信息，都相对闭塞。有机农业有严格的生产操作规程和技术指标，而这些规程和技术指标，生产经营者必须掌握，但是消费者并不知道实际上是怎么回事。

从事有机农业需要有知识、高素质的农民，而当前的现状是越来越少的人愿意当农民，作为农民的人也越来越对农业的规律缺乏真正的认识。首先，从农村留守群体的特点来看。随着工业化、城市化发展速度的加快，在广大欠发达地区的农村，越来越多的农民选择了工资水平较高的外地务工，从事农业劳动的农民，大都剩下了妇女、老人甚至儿童。他们没有能力和精力从事重体力劳动和精耕细作，而此时，农业产业化带来的机械、化肥、农药的快捷、便利、高效恰好解决了他们因精力和体力不足无法精耕细作的问题，于是他们不去集农家肥，而普遍使用化肥，以达到高产的目的。

农业低效造成农村大量青壮劳动力流失，留守农民不但劳动能力方面较弱，综合素质也越来越低，不少村庄已成了"空心村"。

而有机生产是一种劳动密集型、技术密集型的生产，在杜绝化学肥料和农药后，需要增加劳动力投入，这对目前留守的"386199"部队而言，不论是劳动力的提供、新技术的掌握，还是思想意识的转变，难度都非常大。

由农业生产的特点所决定，资本如果是投入生产领域，而不是农产品加工与销售，注定是很难盈利的。"种地不雇人，雇人不种地"是农业生产劳动质量特点的概括。资本进入农业生产领域，一定追求劳动力替代的生产模式，追求规模化、机械化、专业化的化学农业，甚至转基因化。转基因技术的重要一种特征就是要为大规模化学农业机械农业节省劳力配套的技术。

（二）社区支持有机农业也只是杯水车薪

1. 参与式保障体系或城乡互助农业的哲理

参与式保障体系与有机农业先驱们志同道合。参与式保障体系项目要求一个完全生态的农业方式，不使用化学合成农药、化肥或转基因产品，支持农户和有机加工者享有经济可持续发展和社会公平。总体而言，参与式保障体系项目主要着重当地和直接市场，从而促进社区建设、环境保护并支持当地经济发展。

参与式保障体系与第三方认证体系有共同的目标，为有机消费者提供可靠的保障。两者的区别在于方式不同。顾名思义，参与式保障体系不仅鼓励而且要求农民甚至消费者直接参与认证过程。在参与式保障体系很可能发展的小农场和当地、直接面向市场的环境下，这种参与是完全现实的。相关方的积极参与在给予各方更大的权力的同时也为各方带来了更多的责任。这就要求参与式保障体系项目要像重视生产者一样重视消费者的知识和能力建设。因为参与式保障体系是在力求使小农户完全地参与到有机生产体系中去，这种直接参与的形式使得简化体系中的一项十分关键的工作，即繁复的文档和农事记录成为可能。现有的农产品有机认证制度的出发点是要求农户必须充分证明他们是完全按照认证标准去做的,而参与式保障体系与之形成鲜明对照,采用的则是一种源于信任的、以确保有机完整性为基础的方式,这一体系是建立在特别透明和公开的原则之上的,其运转中所涉及的层级和管理层次也是尽可能最少化的。

2. "城乡互助型农业"的困难

"城乡互助型农业"这样一个新事物,其主旨是通过生产者、消费者的共同参与,建立互信互助的新模式,保证农产品安全,为食品安全筑起第一道防线。

在食品安全日益受到重视的背景下,目前这种可称为"城乡互助型农业"的绿色生产、消费新模式,在全国正处于快速发展过程中。据不完全统计,全国各地目前已有同类农场100多家。而据专家介绍,这种模式在国外发展很快,如在美国此类农场有5000多个,为超过200万户家庭提供服务;日本的比例则更高,有机食品的消费市场中,直销形式占到一半以上。

城乡互助型农业为市民获取安全食品增加了新选择,也为农民提高收入开辟了新途径,更为我国农业摆脱农药化肥依赖、实现可持续发展进行了新探索。但是,这种农业生产新模式在不同程度上存在着发展瓶颈,亟待有关部门予以重视和支持。

(1)产销双方建立信任最难

"小毛驴市民农园"成立于2008年4月,是北京市海淀区农林委员会与中国人民大学乡村建设中心的农业合作项目。这种"官方"背景让"小毛驴"的信任在消费者群体中已不成问题。但并不是每个农场都有这种"资本"。

城乡互助型农业的最大问题在于信任。"比如市民会怀疑农场的农民真的会花大力气种植有机蔬菜吗?他们能够在难料的天气变化中种出满足自己不同种类需求的蔬菜吗?"北京"菜农人家"负责人高红伟说,对于不切实际的期望和某些怀疑,需要双方交流沟通,建立更多的信任。

问题在于,如今许多消费者十分缺乏对蔬菜生长周期的认知。

高红伟说："比如农场在6月份的时候只能提供一些叶类的蔬菜，但有的消费者会说，这时候为什么不能送给我一些西红柿和黄瓜呢？"

因此，种植户、养殖户与消费者之间如何建立联系并签订合同、如何监督保证产品质量、如何规范市场交易行为等都是急需解决的问题。河北农业大学教授秦安臣认为，硬性要求农户每年或每周的供应量是不现实的，因为还原自然的生产方式受各种因素影响很大，不良天气造成的损失难以预料，需要城市居民的理解和体谅。

（2）"会种地"的老把式不好找

河北省顺平县台鱼乡位于山区，由于气候原因，玉米的播种期早于平原地区。记者在村民于宝银的指引下看到，播种后没有施除草剂和化肥的玉米地里杂草丛生，几乎淹没了枯萎的玉米苗。年近70岁的于宝银用手不停地将杂草连根拔掉，每天都要消耗大量精力。

望着邻家长势喜人的玉米，于宝银无奈地告诉记者，村里的年轻人都外出打工了，仅留下妇女和儿童在家耕种，除草都找不到人，现在已经影响了玉米的生长。

种地的人少了，而有有机农业种植经验的人更少。农家肥怎么用、怎么发酵，许多村民都不知道。高红伟说，现在真的很难找到一个农民"会"种菜，"我当初找人种菜，跟人家说，不用化肥、不用农药、也不用激素，他们直摇脑袋说'不会种'，说'你这是说着玩呢'"。

高红伟介绍，现在北京各农场的员工一部分是当地农民，另一部分像工厂招工那样，是从全国各地招聘的有耕作经验的农民。"最担心的就是人力成本问题。相对于一般种植而言，有机种植的人力成本更高，比如一般种植可以使用除草剂，而有机种植完全要靠人工除草。"

"小毛驴市民农园"发起人石嫣说，如今很多村庄只剩下了老年人,这是对农业最大的挑战,政府应对有志于从事农业的人才给予更多的支持。

(3) 价格过高,消费者难承受

一位多年从事生态养殖的农场主告诉记者,他曾在河北保定山区散养柴鸡,建围栏、买黑光灯、防疫等投入超过10万元。但是,从养鸡场买回的鸡仔连虫子都不会吃,而且抗病能力差,800只鸡陆续病死了400多只,存活下来的拿到市场上以每斤17元的价格出售,是普通饲养方式的3倍,消费者望而却步。

一般来讲,有机农产品产量都较低,成本较高。于宝银去年种植的红薯亩产量只有1500斤,而其他村民照常打药、施肥,每亩能产4000斤。"这就是绿色吗?怎么越种越少了?不挣钱反而赔钱!"家人对她不无埋怨。

于宝银说:"耕地早都板结了,如果不施化肥庄稼就不长。俺家的地是生态农业试验田,要等3年才能摆脱对化肥的依赖,慢慢恢复地力,庄稼才能自然生长,这期间都是亏本的。所以要说服村民放弃眼前利益、从事绿色种植,难度非常大。"

于宝银建议,政府应在前3年对采用生态种植法的农民给予补贴,提高农民参与的积极性。同时,由于生态种植所处的环境和条件与过去都有很大不同,相关部门还应对农民进行生态农业的技术培训,尤其应教会农民病虫害的生物防治方法。"只有尽量提高产量,降低价格,才能真正打开生态农产品的市场。"

河南省郑州市"守护家园绿色消费联盟"会员徐可非则建议,政府应对城乡互助型农业加以扶持:"普通蔬菜批发的运输车辆可以享受绿色通道优惠,但我们由于规模有限,经常是私家车自己去农场取菜,运输的成本相对要高出一截,这也直接导致了价格的上涨。"

(4) 消费合作组织身份尴尬

为了寻找食品安全消费的破解之道,越来越多的农产品消费者和生产者直接对接,参与到城乡互助型农业的模式中来,但消费合作组织的尴尬身份是其发展中面临的重大隐忧。

"守护家园绿色消费联盟"负责人姚卫华说:"农民专业合作社有专门的法律可循,但对于类似消费者合作社而言,法律上没有相关规定,所以到现在我们的联盟还没有注册。"

由于缺乏法律保护,消费合作组织的组织形式、运作模式都面临困境,这也直接导致许多活动无法正常开展。姚卫华说:"成立之初,我们希望通过做一些宣传活动,吸收更多的人加入,也带动其他市民成立更多的消费合作组织,但由于没有法定身份,许多活动都不便开展。"

(5) 有机农场很难盈利

创建于 2008 年 4 月的"小毛驴市民农园"位于北京市海淀区西北部凤凰岭山脚下,是中国人民大学农业与农村发展学院、中国人民大学乡村建设中心和北京市海淀区政府共建的产学研基地孵化出来的一个现代农业项目,土壤和水源经过专业机构检测,符合有机种植标准。据了解,"小毛驴"农园的农产品价格相比市场上的同类产品并不高,其中一个原因就是在农园上班的人,很大一部分是实习生,因此节省了很大一笔人力成本。同时也去除了中间商,直接把产品交到市民手中。"小毛驴"的运营模式与姜喜诚的公司略有不同。据石嫣透露,他们一开始就与参与者订好合同,风险共担并要支付一定的费用。"这与人大这块金字招牌分不开的,私人公司在没有信誉之前要自己承担风险,失败的概率相当大。"大多数有着同样梦想的创业者却并未能复制到"小毛驴"的成功经验。据了解,截至 2010 年年底,全国共有 54 家采用 CSA 模式的市民农园,在北京就有接近 10 家。这些有机农场真正赢利的屈指可数。用专家的话来说,农业是与风险紧紧相连的。

六 建设组织化的小农可持续农业发展模式

基于前文的讨论,我国小农经济的问题并不需要改变小农生产模式而是应该通过其他途径也就是本文说的组织建设解决，组织建设最主要的是村社和农协两种组织。中国小农经济，需要的不是改造，而是帮助和完善，以发挥出其潜力。

本报告主张建设组织化的小农可持续农业发展模式。

（一）我国只能坚持适度规模农户和小农户为农业经营主体

农业生产只能是家庭经营为主，而农业生产的家庭经营土地规模与专业化问题，需要非常细致地分辨。

"规模经营"是扩大经营单位的土地规模，其中的含义则是"规模经营"带来"规模经济"，就是因规模扩大而引起的劳动生产率提高。我国需要追求农业土地的最大生产率，要求单产最高，这样就可以在较少耕地条件下保证粮食安全。资本密集型的机械化农业的单产率要低于精耕细作的农户农业，这已是定论。就吸纳就业而言，由于农业生产的特点，资本下乡大规模流转土地后必定会形成资本替代劳动、机械替代人力的现象，这一点和沿海的加工贸易工厂完全相反。国际、国内经验都表明，无论什么所有制，都很难发展大规模劳动密集型农业。无论怎么城市化，中国长期都需保持较大比例的农业就业人口，这是我国的体量和人多地少的国情决定的。发展生态循环农业，保障生态安全、食品安全和粮食的实质自给，也需要适度规模农户和小规模农户为农业经营主体。

我国的工业化无疑应该有最宏伟的目标，即在质和量两个方面成为全球第一工业国。但是，中国的工业化城市化同韩国、中国台湾两个地方不可能一样，因为中国巨大的体量决定其是全球体系的一个重大改变者，工业产能受制于全球的资源约束与市场规模约束。因此，无论怎么城市化，中国长期都不得不保持较大比例的农业就业人口，这是我国的体量和人多地少的国情决定的。反过来看，正是我国工业生产力的高度发达，才更应该也有条件确保国家粮食安全，慢工出细活地保证国民食品安全，仔细保护国土的生态环境。因此，在农业领域仅仅局部提高劳动生产率的规模经营不必追求。

所谓适度规模农户的适度规模是指农户在合作组织帮助前提下能够达到城市劳动者家庭平均收入的所需要的土地规模。因此，我国合理的农业产业政策应该严厉限制资本下乡，不仅限制其下乡流转土地，也限制其从事涉农二三产业。甚至对租地者也要有资格限制，只限于农户。农户的土地经营规模本身也要根据各地条件有上限限制，而不是目前搞什么"家庭农场"那样有下限限制。中国农业经营的主体不是什么"家庭农场"，更遑论农业公司了。

（二）村社土地制度是我国独有的优势

集体土地所有制与生产的集体化是两个问题。土地的集体所有制与农业生产家庭经营，并行不悖。前者实质是一种机制，保障地租均享，避免地租竞逐，保障整体性土地利用的效率。优化农业生产的基础性条件，村社土地制度比土地承包权流转和自由交易具有优势。

私有加限田的自耕农体制，避免了地权或地租的集中，但是土地不可避免细碎化。台湾的土改，以自耕农的小土地私有制取代地主的大土地私有制。为了确保"耕者有其田"的成果，台湾严格执行私人拥有耕地的限额，并多方限制雇人佃耕，这固然防止了土地兼并的现象重演，但随着农民的世代接替和分家增户，土地越割越细碎，单位农户耕地面积越来越少，推广机械化和实施大型水利建设都遇到阻碍。中国传统的私人地主自由土地制度，则是地租不均与土地的极度细碎化并存。唯有村社土地制度才能避免土地细碎化，但是这种土地制度只能是在成员中平均分配地租而不是要求成员的同等份地，与现有的承包免费且长久不变的家庭联产承包责任制不同。

村社（农村集体经济组织），要成为一个地租的收集人，从事土地整理和土地配套设施建设以及土地出租和收取地租的工作。村社成员均享地租收益，增人必增份，减人必减份。在这个意义之上，实际上任何人种地都是向村社租地种，也就是说，弱化村社成员的承包权，强化其享租权。这个模式下，土地整理、土地配套设施建设和土地经营的主体分别为村社和农户，一方面没有土地细碎化问题；另一方面是精耕细作劳动密集型的适度规模农户经营模式。

我国现有制度导致的土地细碎化是中国农业生产的重要特征之一，但在承包户水平上进行土地流转也不能根本解决土地的细碎化的问题和改善农业生产的基础条件。村集体作为"统分结合"的"统"的主体之一，对中国农业生产而言至关重要，因为具有基础性、公共性的水利等农业基础设施的建设和管理不可能由个体家庭承担，而需要村庄集体的统一经营。

实际上，尽管得不到鼓励，一些村集体已经进行了有益的工作，例如有的村通过将分散、零碎的地块适当整合，原来的小块土地调整为若干块方田，人口较少的户可以只占一块方田；同时，将分散、零碎的地块适当整合还可以相对地增加土地可利用面积。但是，上述措施，必须根据承包田的大小远近肥瘠给村集体上缴承包费才有可能。

（三）综合农协的性质与作用

农民合作协会是"三位一体"的合作组织，首先，它是农民经济合作、公共服务、行政辅助的三位一体，同一组织，分别履行三种功能；其次，在农民经济合作方面，它是农民生产技术合作、供销合作、信用合作三类合作组织的"三位一体"，也就是流通、金融、科技三重合作功能的"三位一体"。农协的功能是综合性的，除了经济上流通、技术、金融综合服务功能，还包括公共服务、部分代行政府的行政职能，甚至有在政治层面为农民代言的功能。

在农协帮助下，大大有助于农户的收入达到城市打工的社会平均收入，由农协来帮助农户从非农产业当中，涉农而非农业的二三产业当中取得收入，这个收入肯定要占农户收入中相当主要一部分，如日本达到农民总收入的60%。目前农民同意流转土地是基于当前农地细碎化种植和纯农化经营的低收益与流转金的狭隘短视比较。以纯农业收入为主，农民是不可能增收的。促进农户增收的重点在于不再纯农，并且能够分享涉农二三产业的利润，而非扩大土地经营规模。在适度规模农户和小农户的现实下，如果有合作组织进行市场对接，安排生产，提供技术和金融服务，农业生产一样是技术不断升级的现代化的生态循环农业。设计这套机制的人明白，一个农民如果他是一般勤勉负责的，其收入恰好达到城市打工的平均收入水平。但是如果他懈怠，则会变成救济金领取者。当然，如果他足够聪明勤劳或运气好，也会达到高的收入。

因此，农协的性质应该是和专业合作社很不一样的。虽然，我们制定了《农民专业合作社法》，但此法的立法宗旨，同日本、韩国、中国台湾农协模式却是大相径庭的。2013年中央一号文件首次提出要抓紧修订农民专业合作社法。修订农民专业合作社法，无论是应该制定一个涵盖所有形式的大合作社法，还是在现有基础上进行完善，该法框架下的农民经济合作社都只是企业私法人性质，局限性明显。

我国已经出现的农民专业合作社，对其性质和作用的评估一定要实事求是。虽然全国已经有近百万的农民专业合作社，但从国家工商局注册登记的情况来看，每个合作社的平均成员也就是十几个农民。即使按照农业部统计的入社人数来计算，每个合作社也就是七八十户。如此小规模的经济组织，试图要解决农产品市场竞争力的问题，不具有实质意义。目前的专业合作社或者是工商企业的翻牌或者是空挂一块牌子，根本起不到原来期望的作用。在农民专业合作社发展中，普遍存在内部运行机制不健全的问题，主要表现在内部机构不健全、决策不民主、分配不合法等方面，最突出的问题是利益关系不顺，核心是合作社不能给成员带来增值利润。仍然是龙头企业运作型或是"企业+农户"的翻版，要不然是少数几个核心成员享受政府惠农好处和市场利润。

农协和专业合作社是性质根本不同的组织。农协是依法设立的公法人或特别法人，不是在工商或民政登记成立的私法人，一个地方只可能成立一个农协而可以有无数专业合作社；农协提供的是综合性的供销、生产技术、金融和社会服务；农协是政府扶持的包括从事政府委托的行政功能的组织，在中国甚至是在党委领导下组织起来的。农协的作用，专业合作社根本不可能达到。农协推广之地，由于农协的规模优势，由于国家涉农扶持政策和资金通过农协注入，大部分专业合作社可能会烟消云散。但是农户之间的生产互助，也是需要的，这时候，才要尊重农民自发性、自愿性，保护引导而绝不干预。本文认为，农户自发合作只有基于宗族、亲戚、近邻、朋友等亲密私人关系基础上的微小范围内生产互助才是现实的，也是农协也罢、村社也罢无法从事的工作。《农民专业合作社法》可以促进农户间的生产互助，也有其独特作用。促进中国农民合作，按照公民社会的思路，建设私法人性质的社团，在中国没有多少可行性和益处。农民合作协会要实现其经济功能即将涉农产业链的利润归于农户所有，必须到达一定的规模，现有的村是不合适的，规模太小。基层农协都需要跨越一个或数个乡镇的范围，要建立的是规模基层农协，上层还有县级、省级和中央农协。像农产品加工乡镇范围的基层农协可能都不具备规模，需要县级或省级农协办理；农业金融，要向千万小农户放贷，既需要基层社区网络，也需要全国统一的管理、协调机制。

附带说一下，华西村、南街村模式，并不适合广大农村效仿，也不是解决"三农"问题的出路，它们是集体所有制或共同体型工商企业模式，因此是城市工商企业学习的榜样，是解决城市贫富分化、工人异化问题的出路之一，却与"三农"问题基本无关。

每家农户,都能享受合作组织提供的供销、技术、金融、公共服务并分享涉农二三产业的利润,同每个村集体都搞工商业绝对不是一回事,后者是不可能的模式。

中国的农协或"三位一体"合作组织具体怎么建设,本文有一个建议:以"人民团体"形式建设中国的农民合作组织。我国有特有的"人民团体",政协有八大人民团体,工青妇都在内,我国目前还没有农民界的人民团体出现。工青妇之外,还当有个"农"。但是,农协一旦建立,它可能最有活力,因为它的工作是将农民在经济上、公共服务事业上组织起来,这有最迫切的社会需要,这是最根本的国家治理,这关系到国家的根本前途。

(四)宜居村庄建设和城市化同等重要

村庄居住是东亚南亚社会特有的而且传统上是主流的一种生产生活模式。新世界的澳洲和美洲没有村庄,欧洲也不典型。无论怎么城市化或城镇化,我国农村人口或居住在村庄里的人口,绝对数量都是数亿规模,这些人口往往又是弱势群体占了很大数量。我国城市化进程不能成为对最弱势群体的抛弃,将他们抛弃在农村。

城市化必须注意我国目前经社文环宜居区面积狭小这个问题。也就是说,就自然环境宜居而言,我国根本不存在居住用地紧张的问题;全国城乡住宅相对于全国人口,住宅是过剩的;但是经社文环(就业机会、公共服务、文化生活、环境质量)宜居区相对于想来居住的人口而言,是高度紧张的。在经社文宜居区,做不到人人有住房,也做不到人人有房住(体面居住)。在体面标准之上,人人有住房和人人有房住差不多是一回事,难度也差不多大。所以,我国城市化或城镇化不是一味集中或集聚,如果导致相对而言,经社文环宜居区面积的缩小,那么,城市住房问题将无从得到解决,一线城市人口在既定格局下,人口必然越来越多,就会形成城市病,出现大片贫民窟,还有东亚超低出生率问题,出现低于 1 甚至低至

0.5 的人口出生率。农民工的城市化，户籍制度仅是一个表面问题，关键在于农民工结束候鸟状态，一部分能够和家属定居在城市，而不是工作在城市，巢却在农村；另一部分定居和工作都在村庄。

所以，我国必须建设农村，使农村成为容纳相当人口的经社文环宜居区。城市、城镇和村庄都是我国人民的生产和生活模式，而最后一类，就人口规模而言，怎么也是三分天下有其一。中国的村庄往往在欧洲也相当于镇，彼此的距离也是比较短的，并不像一些专家说得那样公共服务不成规模。这点，和美国是迥然不同的，美国没有村民，只有市民。对我国来说，村庄的发展与城市化、城镇化是相辅相成的，而且有助于健康稳定的城镇化和城市化。可以说安居乐业定居农村的青壮农民越多，稳定的新市民或顺利转化的新市民就越多。

（五）组织化的小农可持续农业发展模式的其他意义

上述农业经营模式，优点是多方面的：一能切实保障粮食等主要农产品供给、保障我国粮食实质安全；二能保障中国人的食品安全和减少农业环境污染；三能促进农民持续增收、吸纳就业；四能实现农村可持续发展，建设宜居村庄，促进健康的城市化；五能实现农地地租的公平分配，保障农业基础生产条件的优化。

除此之外，还有以下重要意义。

建设农民合作协会，在县、省、中央各级党委领导下进行，充分利用了中国共产党的组织资源，帮助广大农民在经济和社会服务上组织起来。这项举措将大大巩固党在农村和农民中的执政基础，也是坚持党的群众路线的具体实践。党组织有志青年下乡，这样农协的干事队伍，也可以成为培养党的助手和后备军的重要方面，为党注入新鲜血液。农协所从事事业的性质，利于吸引认同党的原初宗旨和历史成就的青年。我们党需要培养政治家队伍，政治家首先要懂得群众路线，理解群众，能够和广大群众打交道，会领导群众。这些本领是办公室的案头工作中是难以培养的。应该承认，共青团在新的形势下，培养政治家本领这个功能是弱化了的。本文认为，目前条件下，建设农协应该是在党的建设方面一项极有力的措施。建设这样一个庞大的组织体系，其意义还不仅在于解决"三农"问题。

我国在城市化基本完成之后，从事农业的农户数量依然是个很大的数字，他们的生产生活方式、价值观念决定了他们一定是中国共产党的忠诚支持力量。而且，农户子弟也是中国人民解放军的最优兵源[①]，就此而言保持数量较大的安居乐业农户是关乎国家根本的大事。因为我们是个人口大国，如果需要200万常备兵，从农户中基本上就能征收150万以上了。

在此种农业模式中，农业实际被视为准公共事业，此模式并不一味追求劳动生产率在农业领域的高效率。有些时间是可以节省的，例如旅行的时间。但是，养育和教育孩子的时间，是不能节省的。并非随着经济的发展，父母和孩子相处的时间就能够大幅度降低，相反，时间的增加倒说明了经济的成就。随着工业化水平的提高，一个社会拥有了更多的小学教师因为小班教学，拥有了更多的医院床位、医生和护士。如果两个家庭年收入相等但一个家庭只有丈夫一个人工作，妻子则照顾小孩老人打理家务，参与社区公共事务；另外一个家庭则夫妻双方都在外工作。应该说，第一个家庭更为幸福，也是更为可持续发展的家庭，这时，如果向妻子问"你收入多少"是个无聊的话题，而家庭制度保证其可支配收入不低于一般水平。对于中国的组织化的小农可持续农业发展模式来说，进行中美单个农业生产者的产值或产量比较，和追问一个幸福家庭妻子的收入有多少一样无聊。

仅仅对于中国而言，此农业模式具有价值上的优秀与事实上的

---

① 兵源问题，有些特定人群适宜当兵，这是政治家从来不该忽视的。例如，曾国藩从"戚家军"那里学了选择兵士的经验。曾国藩的标准是："须择技艺娴熟、年轻力壮、朴实而有农夫土气者为上。其油头滑面，有市井气者，有衙门气者，概不收用。"现在日本、韩国、中国台湾和我国北上广深的居民中其实很难征召可战之兵。城市贫民窟多产流氓，绝非理想兵源地。

可行。因为中国小世界、世界大中国,在此意义上,全球政治经济一体化情况下中国的农业模式是普世模式。但是世界的现实状况是民族国家的世界。对于世界其他国家,在全球政治根本分裂的局面下,不一定应该和可能实践组织化的小农可持续农业模式。

七 中国国家战略与农业模式的选择

中国农业模式的选择是中国整个国家发展战略的一部分。世界民族国家体系的存在,使得中国的经济社会发展战略不得不是一种民族国家的发展政策。[①] 中国必须选择保护中华民族共同体之稳固团结、保护大多数人福祉的农业模式。同时,中国的选择也应该是负责任大国的表现,是对世界的和平与全球底层人民的福祉负责。农业模式的选择,则必须考虑到中国与世界的背景,并且至关重要的是和中国的工业发展战略、货币制度等紧密联系在一起。本报告综合性考虑中国农业模式选择问题,结论是小农可持续农业模式才是中国正确的选择。

(一)中国巨大的体量决定小国经验不适用

中国是在当今的地球上从事工业与农业,而不是在地域和人口无限的宇宙中从事。因为中国巨大的体量决定其是全球体系的一个重大改变者,中国的工业化城市化同韩国、中国台湾两个地方都不可能一样,粮食自给问题也是如此。

即使我国在质和量两个方面成为全球第一工业国,工业产能将

---

① 本文的视角是德国经济学家李斯特的政治经济学或国家经济学视角,"政治经济或国家经济是由国家的概念和本质出发的,它所教导的是,在某一国家,处于世界目前形势以及它自己的特有国际关系下,怎样来维持并改进的经济状况;而世界主义经济产生时所依据的假定是,世界上一切国家所组成的只是一个社会,而且是生存在持久和平局势之下的。"——[德]弗里德里希·李斯特:《政治经济学的国民体系》,商务印书馆1961年版,第122页。

受制于全球的资源约束与市场规模的约束。因此，无论怎么城市化，中国长期都不得不保持较大比例的农业就业人口。

粮食自给率是将国内粮食（包括饲料、加工用和燃料用粮食）产量除以国内粮食消费量得出的数值，数值越低，自给率就越低。小国经验同样根本不适用于中国。以全球大米贸易为例，大多数大米消费国也是大规模的产米国，大米的全球贸易量仅占总产量的很小一部分。联合国粮农组织公布，2012年大米贸易量仅为3730万吨，占全球供应量的7.7%。中国一年的大米消费量约为1.4亿吨，中国大米进口的任何风吹草动都会产生巨大影响。因此中国大规模进口大米，将对全球大米贸易产生巨大影响。2008年，大米价格飙升带动其他主要粮食价格上涨，从而爆发了全球食品危机。联合国粮农组织的学者认为，如果这种势头持续下去，人们会担心全球其他地方的产量能否满足中国的大米需求。

如果中国农业现代化了，采用美国模式，那么中国的粮食自给率也许会跌破50%，中国当然不可能以目前世界粮食市场现价购买到这么多的粮食。

（二）人民币地位与农业模式

1. 检讨美元流入的城市化工业化进程

20世纪90年代中期以后，我国建立在人民币美元化前提下的城市化工业化高估了中国工业产品的世界市场规模，进行了农业与工业劳动力数量分布的错误配置，造成了需要节约农业劳动力从事出口导向加工业的假象。

党的十八大闭幕以来，"城镇化"一词在中国大热起来，广为流传的说法是中国未来几十年最大的发展潜力在城镇化，城镇化是扩大内需的最大潜力。过去十年，就常住人口指标来衡量，是中国城镇化空前快速的十年，但是，也正是过去十年，中国居民消费率已经从十年前的45%下降到35%；按照西南财经大学中国家庭金融调查与研究中心刚刚发布的数据：2010年中国家庭收入的基尼系数为0.61，比2000年官方公布的数据0.412提高了近两个百分点，也大大高于0.44的全球平均水平。过去十年的经验似乎说明，中国特色的城市化伴随的是内需不断萎缩、贫富差距恶性扩大的过程，而不是科学发展与扩大内需。

按照改革要有新开拓的思路，当前我国城镇化之路必须建立在系统反思过往经济政策的基础之上，必须具有谋全局的视野，而始能谋一城一地，只有这样才能看清楚过去的城镇化运动究竟出了什么问题。我们需要问，为什么中国的城市化人口如此聚集于沿海地区？为什么中国的中位劳动者如制造业技术工人在城市安家如此困难，出现大规模的"蚁族"、蜗居、"城中村"租住现象？为什么整个东亚所谓现代化地区人口中产压力最大，人口出生率全世界垫底（普遍在0.7、0.8水平连世代更替水平的一半都达不到），成为名副其实的绝后模式？

过往十年的中国城市化进程，似乎在重蹈明末历史白银城镇化的覆辙；而政策设计的失误，引起疯狂的土地食利活动，形成对城市化后来者的严重剥夺。

明朝末年，在中国的东南沿海地区，已经出现过大规模的城市化运动。

明代的《苏州府志》记载："聚居城郭者十之四五，聚居市镇者十之三四，散处乡村者十之一二。"明人林希元在《林次崖先生文集》中写道："今天下之民从事于商贾技艺游食者，十而五六。"明人何良俊在《四友斋丛说》中写道："昔日逐末之人尚少，今去农而改业为工商者，三倍于前矣。昔日原无游手之人，今去农而游手趁食者，又十之二三矣。大抵以十分百姓言之，已六七分去农。今一甲所存无四五户，则空一里之人，奔走络绎于道路。谁复有种田之人哉。吾恐田卒污莱，民不土著，而地方将有土崩瓦解之势矣。可不为之寒心哉。"今天所谓的"空心村"情形，在当时东南沿海已经很普遍。

明末东南的经济和社会结构发生了巨大变化。江南的人开始大量种桑养蚕，生产丝绸和棉布，福建人开始大量地种茶，而广东人则热衷种甘蔗，江西人不但做瓷器，还生产靛青等染料供应苏杭，长江上游的湖北、四川则生产粮食供应东南。据当年欧洲传教士的记载，仅松江一地（现上海和苏州）就有20万织布工人和60万纺纱工人。南京地区，众多陶瓷厂每年要生产100万件精美瓷器。江浙地区，每年能生产出6亿匹棉布。海外贸易就更加浩浩荡荡。主要以福建和广东人为主的海外贸易商往来穿梭于南洋各地，与世界各国的商人贸易。崇祯自杀前72年间，仅福建泉州的月港就驶出1086艘船，到达吕宋的马尼拉。拖去的是生丝和丝织品，拉回来的是墨西哥的银圆。

明末在局部地区开始了工业化和城镇化，像苏州、扬州、广州、泉州、重庆、临清、汉口等城市，就是因为商业贸易的发达而日益富庶繁华。100多年后亚当·斯密所说的"社会分工"，李嘉图所说的"比较优势"等现代经济的规律和现象，在这个时候的中国已经出现。

明末城市化现象根本的动力却是中国的白银本位货币制度与美洲银矿发现共同形成的对中国的大规模白银输入，手工业品出口换取白银是东南城镇兴起的原因。自1550年代中欧海路开通至1800年代，中国保持巨额贸易顺差达两个半世纪之久，这在世界贸易史上实属罕见。葡萄牙学者马加良斯·戈迪尼奥的研究表明，日本白银产量的绝大部分和占美洲产量一半的世界白银流入了中国，数量十分庞大，因此他将中国形容为一个"吸泵"，形象地说明了明清中国吸纳了当时全球巨量白银。

诡异的是，白银在中国成为本位货币，根本原因还是中国政府的权力支持，而不是本身真有什么价值。正如美国学者兰德·瑞的观点，政府发行的纸币人人都接受，来自政府接受这些纸币作为税赋支付的意愿，正是由于每个纳税人都可以使用纸币来消除税负义务，人们才需要它们。白银和纸币实质上没有区别。1567年，明朝隆庆元年，朝廷宣布开放海禁和"银钱兼使"法令：民间到海外做生意以及大家用白银当货币,都不算违法。1581年,张居正在全国推行"一条鞭法",这个改革的核心就是简化了过去的田赋、徭役和各种杂税的征收办法,将这些统一折成银两征收。从此,白银真正成了中国货币的主角。当所有的税收都要通过银两交税的时候,人们就不会再种植稻米而是种植经济作物,所以到了晚明江南人的口粮需要湖广供给,大面积的田地种植的是棉、麻、桑树和茶叶。对于普通农户来说,既然税收可以以银两来缴纳,那么在一定程度上来说就无须再跟土地发生关系,自己可以将土地卖掉或者租给他人耕种,然后自己进入城市靠打工获取银两。农村人口在减少,城市人口在增加。

美洲廉价白银的发现与张居正的税收政策共同制造了晚明中国对外贸易大规模的净输出和白银净流入;白银流入效应确实解决了中国历史经济发展的痼疾——通货紧缩,而使整个经济体系高速运转起来,并带来了大规模城镇化的后果。但是,大量商品、劳动成果的输出,而白银通货的流入并没有买回相对应的国际贸易产品,大量增加的货币结合大量减少的资源、产品,形成了逐渐强烈的国内通货膨胀。通货膨胀实际上是对依靠小生产收入、积蓄维持生计的小生产者、穷人生存能力的剥夺,而汇集为工商特权利益者的超额利润。李宪堂认为:"正是白银,使统治者加大了对下层民众剥夺的强度,助长了聚敛和剥削的水平,以前所未有的速率消耗着社会成长的机能。白银推动着经济的轮子飞转,像抽水机一样把底层的财富抽向高处,阶级与地区之间的贫富分化空前加剧,基层民众尤其是白银所灌溉不到的边缘地区的民众陷入了一贫如洗的境地,遂使发生'资本主义萌芽'的核心区因为得不到支持而迅速枯萎,最终导致整个民族在经济上沦为西方的附庸。"

阴差阳错形成的白银流入机制,使得东南对外贸易地区不自觉地成为财富输出的吸管,其获利建立内地受损的基础之上,并形成了这些地区历史悠久的买办传统。明末不同地区与行业获取白银的能力不同,引起地区差距与贫富差距恶化,东南这些经济外向型的地方还好，西北这些白银惠及不到的地方情况则差，这也是民变为什么从西北爆发的原因之一。

明末的大规模城镇化运动其动力是白银流入，其历史教训必须吸取。过去十年的中国的城市化运动和明末具有非常类似的一面。正如美洲白银和张居正政策共同导致明末白银流入的城市化运动。布雷顿森林体系的瓦解与朱镕基开创的经济政策共同制造了十年外汇储备巨额累积中的沿海城市化。1994年外汇体制改革、2001年中国加入WTO、没有限制地引进外国直接投资是这些政策的主要内容。如果有什么不同，在于白银储量有限、西班牙人获得白银还是有成本的。异曲同工的是，今天美国QE大量印钞，美国QE2购买6000多亿美元的国债，同期中国外汇储备则增加5000多亿美元。

2. 人民币政策与农业模式的相互影响

最近十年，外汇占款成为我国人民币基础货币发行的主要方式。我国出口导向型工业因为早期国家政策和地理因素集中在沿海地区，中央银行所投放的人民币基础货币主要为沿海地区获得，变成企业利润、政府税收、员工工资。集聚效应形成沿海地区土地相对于其他地区土地的级差。沿海土地和其他资产得以高估价，在市场化银行体制下又获得了信贷的优势。理解了这些机制，才能明白，疯狂吸纳内陆劳动力依靠制造业出口红利振兴的城市如珠三角、长三角城市是怎么回事，才能明白为什么在中国内部具有农业比较优势的珠三角、长三角今天全部地面硬化了。

一个国家其基础货币能够自主收放，乃是货币主权的根本体现，乃是主权信贷运行的前提，主权货币之原理用一句话来概括就是能够自我印钞搞经济建设。我国亟须废除《中国人民银行法》第29条，能够根据经济发展和其他工作的需要自主发行与回收人民币，总的来说是主动发行基础货币替代原来靠外汇占款发行的那部分，以平衡的方式挤压热钱、外资出境，这样逐步使外汇储备降低和消灭，降低外资比例。这样，我国城镇化工业化的动力不再是美元流入，从而健康发展。

中国能够容易做到粮食的实质自给对于货币权力的国际博弈非常重要。粮食的实质自给，是指粮食生产过程是在国土内部的封闭循环，关键投入物也不是来自外部。朝鲜的经验表明，需要进口化石能源的国家搞了美式农业，一旦石油进口断绝，粮食将出现崩溃性减产。在小农可持续农业模式下，中国只要想做，就能够实现粮食的实质自给。中国哪怕不能成为粮食出口国，但是粮食的自给乃至实质自给，对于人民币的主权货币和国际储备货币地位的稳固极端重要。

（三）高端工业化战略与农业模式的选择

不丹王国以人民快乐闻名，现在这个亚洲小国的有机农业又羡煞全世界。

不丹人口约 70 万人，其中大多为农民，于 2007 年推出国家有机农业计划，在 7 月巴西举行的联合国永续发展大会上，不丹总理廷里表示："我国的农民深知要与大自然和谐共处才能永久地获得大自然的供给，因此我们正在制定国家有机政策。"

不丹农业部也表示："有机栽培不仅可以保护环境，还可以教育农民利用新的技术采收更多的食物，尽早达到国家自给自足的目标。"

根据联合国世界粮食计划署指出：不丹主要生产稻米与玉米以及马铃薯与橘子，但由于国内对于稻米需求日增，因此目前已从印度进口部分稻米，加上合成化学肥料仅有少数不丹农民负担得起。目前担任不丹农业顾问的澳洲专家安德烈表示："百分百有机农业并不难，因为这里的农业土地大多已经有机化。"

不丹国内经济包括农业、林业与观光业以及对印度出售水力发电，其中农业几乎是全国八成人民的生计来源，目前全国没有铁道建设，国民年均所得约 2121 为美元。

目前不丹推动的百分百有机农业，虽然与农业部少数从国外留学习得传统耕作技术的专家理念不同，但是安德烈乐观表示："这些问题可以解决，只要再过几年研究，就可以取得有效解决方案。"

另外，不丹的邻国印度境内的锡金邦则早就推广有机农业多年，当地距离 2015 年全邦农业有机化进度也已达 2/3 以上。

那么，本报告是否主张中国学习不丹？这是最大的误解，不丹的战略如果没有国际援助和旅游收入，该国国民一定是非常贫穷的。中国的组织化小农可持续农业发展模式，是和高端工业化战略或者说是赶超型及优势保持型的工业化战略配套的。这方面，我采用了贾根良教授的研究成果。中国工业化在量与质两个方面世界第一是城乡统筹和解决"三农"问题的重要基础。

贾教授说：在历史上，我们可以观察到，成功的农业仅存在于工业也取得成功的地区。工业由于技术创新的机会窗口大，其创新活动所产生的"不断涌来的收入潮水浮起了所有的船"，农民通过收入分配的系统协同效应分享了工业技术创新的收益，这是为什么凡在工业发达的地方的农民也比工业不发达的其他地方的人更富裕的原因；同样，发达国家理发师的实际工资为什么 5 倍于生产率相同的发展中国家同行也是基于同样的原因：发达国家工业创新的收益为其理发师的高收入提供了基础。自 20 世纪 80 年代以来，由于产业分工的深化，产业创新的机会窗口都聚集在了产业价值链的高端环节，而低端环节基本上都成为"技术死胡同"，即使是信息高技术产业也不例外，正如富士康高科技血汗工厂在中国没有产生技术扩散所证明的。由于我国通过自由贸易加入全球产业价值链，导致我国工业完全被挤压到产业价值链的低端环节，虽然工业增长速度很高，但这是一种"无技术的工业化"。"无技术的工业化"使技术创新的成果几乎全部被发达国家所攫取，我国城市部门（工业和服务业）的收入提高和政府税收增加就成为无源之水。如果城市部门收入停滞不前，对农产品（特别是对高附加值农产品）的需求就不会增加；如果政府无法通过税收的形式分享技术创新的收益，它就无法像目前的发达国家那样通过对农业的大幅度补贴和提高农产品价格使农民分享工业技术创新的收益。由此可见，中国"三农"问题的根子在于中国"无技术的工业化"，在于自由贸易的全球化，我国只有通过保护主义，从根本上解决了"无技术的工业化"问题，城乡统筹和"三农"问题才能迎刃而解。①

精细小农业与高端大工业的组合，是互为条件的。中国超大范围和广土众民内部互补性强的特点也许决定了中国是全球唯一有此幸运的国家。本报告呼吁，让我们为中国的幸运自豪吧。

---

① 贾根良：《保护主义与内向型经济：中国崛起的唯一选择》，原载《当代财经》2010年第12期，人大报刊复印资料转载。

组织化的妇女成为农村发展的重要力量

杨梓灵[①]　孙炳耀[②]　杨团[③]

工业化城市化阶段的一个特点,是农村妇女将会面临新问题。过去研究农村妇女,关注的是权益,是在女权之下的,这虽然重要,但对中国农村来说已经不够了。

农村研究的核心是农民研究,近年开始关注农村老年人、农村儿童、农村妇女、农村贫困家庭、返乡青年和返乡大学生等细分人群。对前四类人群的研究,关注的是他们生活和权益;对返乡人群的研究,则关注他们对农村的经济建设作用。其中对农村妇女的研究显得不足,未充分重视她们在农村社会发展和经济发展的积极作用。无论从人群数量和人群特质看,农村妇女具有很大潜能,她们组织起来,就可以激发自己的潜能,成为推动农村社会经济发展的重要力量。

[①] 杨梓灵,中国社会科学院社会工作硕士。
[②] 孙炳耀,中国社会科学院社会学所副研究员,北京农禾之家咨询服务中心理事、法人代表。
[③] 杨团,中国社科院社会政策研究中心副主任、研究员,北京农禾之家咨询服务中心理事长,综合农协研究组负责人。

一 农村研究还须重视妇女研究

（一）急剧城市化凸显农村妇女的重要性

在过去的60多年里，中国的农村妇女在社会发展中的地位与作用发生了三次变化：

20世纪50年代，新政权倡导新的意识形态，倡导男女平等，把农村妇女从中国传统的夫权中解放出来，农村传统的"男主外，女主内"的性别分工开始改变。随着农村集体经济的建立，妇女走出家门，参与集体经济劳动，参与当地社会事务，社会地位明显提高。

20世纪80年代初期，中国农村进行经济体制改革，实行联产承包责任制，开始是包产到户，很快发展到包干到户，基本放弃了集体农业经营，农户重新成为农业经营单位。经济体制的变化使妇女重新回到家中，除了承担家庭生活照顾之外，也参与家庭经营。

20世纪90年代以来，随着农村剩余劳动力寻找出路，大量农民涌入城市打工，农村妇女的地位凸显出来。特别是男性主要劳动力外出打工的家庭，妇女成为留守家庭的核心，肩负起了家里的生产、生活以及照顾老人和儿童的重任，在生产、生活中面临的压力增大。

留守老人、留守儿童、留守妇女的增加，使妇女在中国农村的作用日益重要。2010年第六次人口普查数据显示，农村60岁以上人口接近1亿，农村的人口老龄化现象比城市更为严峻。全国妇联据人口普查样本数据推算，农村留守儿童6102万，占农村儿童的37.7%。随着越来越多的农村男性劳动人口外出务工，妇女日益成为农村社会经济发展的重要的人力资源，她们照顾儿童、老人生活，还要参加农村经济活动。

在当前急剧城市化的历史时期，对农村妇女的研究，不仅要关注她们的权益，还要重视充分发挥她们的作用，这关系到农业增产增效，关系到农民增收，关系到农村社会稳定。

（二）关注发挥妇女在农村经济社会发展中的作用

20 世纪 80 年代中期以来，随着城市化的发展和经济体制的改革，产生了一些妇女问题，引起了社会各界对农村妇女的研究，其中也开始关注妇女在农村经济社会发展中的作用。

关于农村妇女参与农村建设的研究，从现有报纸杂志、学术刊物和著作来看，主要讨论的内容有以下几个方面：一是，农村妇女在新农村建设中的作用；二是，农村妇女参与新农村政治、经济、社会和文化等建设的现状；三是，农村妇女参与新农村建设的制约因素分析；四是，促进农村妇女参与新农村建设的对策。

研究观点包括：蒋唯恒认为："中国农村妇女作为一支存在于农村中的重要社会力量，在农村经济、政治、文化和社会建设中都起着不可替代的作用，是社会主义新农村建设的重要力量"[1]。黄春红在《充分发挥妇女在新农村建设中的生力军作用》中分析了农村妇女在新农村建设中的作用日渐明显，并指出"广大农村妇女积极参与新农村建设，在参与中提高了自身素质，传播了文明新风，维护了社会稳定"[2]。刘国珍对秦安县农村妇女在新农村建设中的作用做了调查研究，在《充分发挥妇女在社会主义新农村建设中的作用》[3] 中论述了妇女在社会主义新农村建设中充分发挥作用的途径。叶静波则主要分析了妇女在社会主义新农村建设中的主体作用，并指出"她们是社会主义新农村经济发展的推动者、民

---

[1] 蒋唯恒：《充分重视和发挥农村妇女在新农村建设中的作用》，《黑龙江科技信息》2008 年第 30 期，第 113 页。

[2] 黄春红：《充分发挥妇女在新农村建设中的生力军作用》，《中共乌鲁木齐市委党校学报》2010 年第 4 期，第 31 页。

[3] 刘国珍：《充分发挥妇女在社会主义新农村建设中的作用》，《天水行政学院学报》2008 年第 2 期，第 117—118 页。

主政治的建设者、文明形象的塑造者与和谐稳定的营造者"①。

全国妇联副主席黄晴宜在"中国·东盟妇女友好交流招待会（2007）"上介绍了中国妇女参与经济建设的有关情况，说道："在实现社会主义现代化建设的伟大进程中，中国妇女始终围绕以经济建设为中心，全面参与经济和社会发展，在参与中不断提高自身素质，为中国经济和社会的发展作出了不可替代的重要贡献。作为农村经济和农业生产的主力军，农村妇女占农村劳动力中的65%以上，她们学文化学技术，参加各种实用技术技能培训，为农业产业结构调整和农村经济的发展作出了较大的贡献"②。

（三）从社会性别理论看妇女研究

社会性别理论是在20世纪60年代中期西方女性主义运动的第一次浪潮中产生的，是以社会性的方式构建出来的社会身份和社会期待。20世纪80年代以来，随着研究领域的不断拓展和深化，它在学术和实践层面的影响日益增强，成为当代西方女性主义理论体系中的核心概念和国际社会的一个重要分析范畴。

"社会性别"是英文Gender一词的中文翻译。在英文中，存在两个表示性别的词——Sex和Gender，前者指性，即生物学意义上的性别；后者指性别，即社会、文化意义上的社会性别。早在20世纪50年代，西蒙娜·德·波伏娃就在《第二性》中提出：女性不是天生的，而是逐渐形成的。她指出"社会性别（gender）与生物学上的性别（sex）不同，女性的不利处境不是自然的，是父权制社会建构的产物"③，这第一次把性别的生物学构成与社会构成相区别。

---

① 叶静波：《论妇女在社会主义新农村建设中的作用》，吉林大学硕士学位论文，2012年，第11页。
② 引自中国妇女网 http://www.women.org.cn/。
③ 西蒙娜·德·波伏娃：《第二性》，郑克鲁译，上海译文出版社2011年版，第76页。

社会性别（gender）一词用来指由社会文化形成的对男女差异的理解，以及社会文化中形成的属于女性或男性的群体特征和行为方式。社会性别的分析"是指任何把社会性别当作分析的关键范畴的理论框架或科研方法"[①]，是女性主义的分析范畴和研究方法。1972 年，英国社会学家安·奥克利在对男女的社会和家庭分工进行研究后，在《性别、社会性别和社会》中论证了生物上的性别（sex）与心理文化中的社会性别（gender）之间的差异。20 世纪 80 年代末，琼·斯科特在其文章《社会性别：一个有助于历史分析的范畴》中指出："社会性别是诸多社会关系中的一分子，是基于能观察到的两性差异之上的；社会性别是表示权力关系的基本途径。"[②]

社会性别理论注意到了男女两性在社会发展中的不同利益与需求。以强调男女两性社会差异为主要内容，分析了人类社会中两性不平等的实质和根源，认为男女两性各自承担的性别角色并非是由生理决定的，而主要是在后天社会文化的制约中形成的。从总体上讲，社会性别理论是在肯定男女两性的生物学差异的基础上，强调他们的社会特征与角色，注重社会文化对性别差异的影响以及强调性别之间的社会关系。这包括男女两性在社会中的角色和地位，社会对性别角色的期待和评价，对性别的成见和对性别差异的社会认识等。

西方女性主义学者先后把性别视为社会规范、社会制度、权力关系、分层机制等，在性别分析过程中逐步建立了性别理论的基础。20 世纪 80 年代开始，社会性别理论和实践迅速发展，至今仍处于不断整合与完善的过程中，但其独特的性别视角已经吸引了包括女性主义思想家在内的世界各地各界人士的关注，成为分析社会

[①] 杜洁：《女性主义与社会性别分析——社会性别理论在发展中的运用》，《浙江学刊》2000 年第 2 期，第 94 页。

[②] 王毅平：《社会性别理论：男女平等新视角》，《东岳论丛》2001 年第 22 卷第 4 期，第 60 页。

现象的一种重要工具和方法。

（四）从发展理论看妇女研究

在科学社会主义发展史上，经典作家历来重视对妇女问题研究。妇女地位是衡量一个国家文明程度和现代化进程的重要标志。马克思在1868年致路德维希·库格曼的信中曾经指出说："每个了解一点历史的人都知道，没有妇女的酵素就没有伟大的社会变革。社会的进步可以用妇女的地位来精确地衡量。"

西方国家研究"女性发展与社会参与"问题先后实践了几个理论体系：

一是女性参与发展模式理论（Women in development），此模式始于20世纪70年代初，主张审视女性在社会发展中的参与程度，鼓励女性参与社会发展，它与现代化理论紧密相连。该模式的核心是：要使女性融入全球经济、政治、社会发展与变革的进程之中。

二是女性与发展模式理论（Women and development），也称为新马克思主义女权主义发展模式，始于20世纪70年代下半期。它的理论基础来源于依附论，主要研究女性与发展进程的关系，并着眼于如何协调社会发展和妇女自身发展的关系。

三是社会性别与发展模式理论（Gender and development），这是20世纪90年代以来崛起的一种新的女性发展模式，它以社会主义女性主义作为理论基础，关注的不仅仅在女性本身，而且在于社会性别的构成，包括对男女两性角色的分工、责任以及期望的认定。此模式把女性看作变革的主体，而不是被动的发展援助的受援者，强调女性必须组织起来广泛地参与社会事务的管理。这三种理论体系虽各有不同，但都共同致力于推进女性的社会参与和发展，参与农村建设，参与城市发展，从而提高女性的主体意识和社会地位。

(五) 从赋权理论看妇女研究

赋权理论（empowerment theory）是根植于社会工作传统，成长于20世纪60年代的社会维护观点、市民权利和妇女运动，加上草根组织运动的孕育而形成的一种实务工作取向。1976年所罗门（Solomon）出版的《黑人赋权：受压迫社区中的社会工作》一书，这标志着赋权取向在社会工作专业中的诞生。同Solomon一样，Rivera（1986）等人也认为，压制性社区环境中的赋权实践，是应对政治经济生活带来的压制性趋势的实质性对策。

Rees对赋权理论作了详尽的描述，他特别强调赋权在社会工作中的政治角色。在Rees的论述中，他向人们揭示了赋权概念的五个核心观念：传记、权力、政治性理解、技巧、政策与实践的相互依赖性。Parsons和Cox等人在《社会工作实践中的赋权》一书中，提出了一个由价值基础、介入认可、指导实践的理论基础、有关案主和工作者相互关系的指引，以及把助人活动组织起来的一个架构等组成的赋权取向的社会工作模型。在《社会工作词典》中赋权是指帮助个人、家庭、团体和社区提高他们个人的、人际的、社会经济的和政治的能力，从而达到改善自己的状况的目的的过程。

在国内，有些学者对赋权的途径和模式进行了研究，陈树强在总结评述大量的国外和港台文献后，比较详细地研究了赋权理论在社会工作中的运用和具体操作等。国内学者范斌综合国内外的研究提出了赋权的两种模式和三个层次，其中两种模式是个体自身的主动赋权和外力推动的赋权；三个层次指个体层面的赋权、人际关系层面的赋权和社会参与层面的赋权。

一些学者将赋权理论应用于妇女研究。冯媛对"妇女赋权"（women empowerment）的内涵做了分析，指出"赋权"的核心含义不是外在的给予或允许，而是对内在的能力的确认和发挥，是妇女发起和推动其他社会机构积极回应的改变现状的行动。赵捷对赋权妇女的途径进行了探索，探寻妇女的主体能动性。

（六）新视角：从组织化理论看农村妇女

综上所述，现有的各种理论视角主要从妇女自身的发展出发，研究如何提高妇女素质，如何促进妇女参与社会建设以及两性的和谐发展。这对农村妇女研究有一定价值，特别是对妇女权益有较强的解释力；但这些理论存在缺陷，缺乏关注妇女的主体性和潜能发挥，因此难以解释妇女在农村经济社会发展中的作用。

一个值得重视的新视角是组织化理论，从妇女的主体性出发，并且从个体上升到组织，思考妇女如何组织起来，在这个过程中不断学习成长，自我教育，不断提升才干，并通过组织中的互动和相互激励，激发自己的积极性，形成群体力量，相互协同，促进农村经济社会发展。

从目前已有的文献看，有些学者已经意识到了农村自组织在农村妇女参与农村发展与建设的重要作用。有学者看到了农村妇女的组织化程度低，是一个重要的问题。潘萍指出，"农村妇女力量长期处于离散化状态，未能形成能有效抗衡传统性别文化影响下的村庄政治传统的强有力的、组织化的女性利益集团"[①]。关于妇女组织的重要性，有学者写道："凡是有妇女组织的村落，妇女们在改变农村传统性别关系、性别角色规范方面，均表现出很强的主体性力量。"[②]妇女参与和能力建设与组织建设密不可分，她们可以通过自己的组织平台，团结更多村民，提高自己的服务能力。

组织化理论有利于解释农村妇女在经济社会发展中的作用。第一，它把妇女置于主动的主体地位，提升自己，服务社会；而不是被动地为社会所重视，接受社会帮助，改变社会地位低下的

---

① 潘萍：《试论村民自治中的妇女参与》，《浙江学刊》2007年第6期，第213页。

② 金一虹：《主体的寻找——新农村建设中的农村妇女》，《中华女子学院学报》2009年第3期，第11页。

状况。第二，它强调妇女成长和发挥作用的机制，而不是妇女在权益、能力、参与等方面的某种状态。妇女通过组织化而不断提升自己的能力，通过组织进行社会参与，并从中实现自己的权益。第三，组织化理论强调过程，而不是动因和结果。组织建设不是现有要素的组合，而是农村妇女不断参与，在这个过程中，个体的能力得到提升，组织不断成长，组织化程度不断提高，组织的力量不断增强。

（七）典型研究：山西永济蒲韩社区的农村妇女

从组织化角度研究农村妇女，需要的不仅是理论上的创新，更需要有实践上的创新。山西永济蒲韩社区的妇女协会和农民合作社，在这方面有较为系统的突破，为应用组织化理论分析农村妇女提供了很好的证据。

蒲韩乡村社区的妇女们以农民组织为载体，兼顾经济、社会、文化等多目标的综合发展，开创了一种"综合性乡村社区"治理模式，在此模式中，农村妇女有效地组织起来，探索出了一条"共同致富、集体发声"的综合发展之路。

其组织发展经历了十多年的过程。1997年，蒲州镇寨子村乡村女教师郑冰通过自家经营的农资店发现，来购买农资的农民缺乏必要的知识，于是请专家来给农民讲农技课，进而联络其中的积极分子建立学习小组，学习内容从科技扩展到农村政策、传统手工艺以及保健知识和家庭关系处理。在这个基础上，学习小组逐渐成长为唱歌、跳舞活动团队，吸引周边村庄妇女跳广场舞，动员开展村庄环境卫生治理。这样形成了团队的影响力和声誉，于是成立了妇女协会和乡村社区发展协会，并于2003年吸引农民入股开展农资合作购买，建立5个服务点。在此基础上，于2007年成立农民专业合作社，手工艺团队也成长为手工艺合作社。2012年，当地二十几个专业合作社共同成立联合社。

目前蒲韩社区的农民合作联合社（与妇女协会、乡村社区发展协会为三块牌子，一套班子）有专职人员72人①，其中女性工作人员58名，占了80%。从组织发展过程看，女性工作人员在其中起到主要作用，目前的骨干多为女性。这个由当地妇女主导成长起来的合作组织，发挥了很大的作用，得到当地农民的认可和赞许，成为当地经济社会发展的重要力量。

蒲韩农民合作社覆盖了两个乡镇的多数农户。山西省永济市蒲州镇和韩阳镇有35个行政村（后经调整为43个行政村，以符合自然村的空间格局），两镇面积260平方公里，覆盖人口6520户，25800多人。② 蒲韩农民合作组织在其中开展服务，社员有3865户，单从数量上计算，约占两镇人口的58%。不过，根据蒲韩社区2013年的农户工作档案，当地有近2000户全年不在家，常年外出做生意或者已经搬到市里去了，所以现在蒲韩农民合作社的服务对象覆盖了常年生活在农村的大多数农户。

二 农村妇女的组织化

（一）"滚雪球"式的组织成长过程

蒲韩社区农民组织的发展最初起源于寨子村的一个农资销售与农技服务网络。1997年，郑冰与她的丈夫在黄河滩边创办了一家农资店。郑冰在一次销售化肥时发现，农民购买化肥很盲目，于是便产生了通过培训给农民提供技术服务的想法。当时郑冰不满意一些供货商打着培训的旗号来搞推销，她就自己掏钱请老师，在农资店为村民免费培训农业知识。

举办了几次培训之后，农资店的名声也在附近的村子里传开了，村民们都知道这里有个自掏腰包给大家办农业知识讲座的人，于是大家都爱到这里买东西，第二年农资店一下子就挣了六万多

---

① 引自蒲韩社区2014年3月底的统计，目前还在不断更新中。
② 引自百度百科网 http://baike.baidu.com。

块钱。

这样，一个以农资购销和农技服务为核心的互助合作网络就此形成，1998年成立"寨子科技中心"，中心每季度都会给农民提供一次免费的农业技术服务。

然而蒲韩社区的发展并不是一帆风顺的，也经历了波折。2000年，郑冰和这个松散的合作网络遭受了一次重大打击，这让郑冰认识到诚信和集体力量的重要性，如果没有诚信和集体精神，就不能把大家组织起来，那么即使一开始有一点小的利益能把大家连接起来，但经不起风雨，遇到一些困难马上就散了。

2001年下半年，郑冰从组织妇女跳舞中看到了希望，随着妇女跳舞和学习活动的不断推进，村里妇女的素质得到了提高，其家庭关系也变得更加融洽了，村里的风气也越来越好了。这些让人欣喜的变化使得寨子村的村民合作又重整旗鼓，在郑冰的带领下成立了"妇女俱乐部"，后改名为"妇女文化活动中心"，在当地妇联的指导下最后又改为"妇女协会"，蒲韩社区的雏形就此形成。

随着妇女文化活动规模的扩大，活动的增多，再加上一些男性村民的加入，2004年6月7日，在市领导的支持下，"永济市蒲州镇农民协会"在永济市民政局成功注册。同年，协会又成立了红娘手工艺作坊和村建理事会，协会围绕寨子村周围35个村（跨蒲州和韩阳两镇）开展了文化娱乐、环境卫生治理以及各项经济合作活动等，妇女在当中起到了带头和骨干的作用，蒲韩社区初步形成。

当时协会成为了一个集经济、文化、娱乐、社会公益服务等多功能为一体的蒲韩农民协会，简称为蒲韩农协。2006年，又创办了包括蒸馍作坊、涂料厂在内的多个合作组织。2007年实施《中华人民共和国农民专业合作社法》，"永济市蒲州镇农民协会"更名为"永济市蒲州镇果品协会"。

2007年至2008年这两年期间蒲韩农协和蒲韩社区的发展都进入了低谷期，涂料厂、蒸馍作坊和千亩生态园全部失败，蒲韩社区的发展遭受了一次严重打击,但是郑冰和她的团队在这一关键时刻对这一失败进行了及时的反思和总结,这才扭转了局面,这两年蒲韩农协在挫折中不断成长。

截至 2008 年年底,蒲韩农协以已有的组织和网络,组织 43 个村庄内所服务的农户,以当地的作物品种划分注册了 28 个专业合作社;同时以这些专业合作社为基础,又成立了一个有机农业联合社,同时青年农场、妇女活动中心和老年康乐中心也逐渐成立,至此,蒲韩农协的综合功能逐渐多元化,集经济和公共服务为一体,至此蒲韩社区正式形成。图 1 显示了蒲韩社区的发展历程。

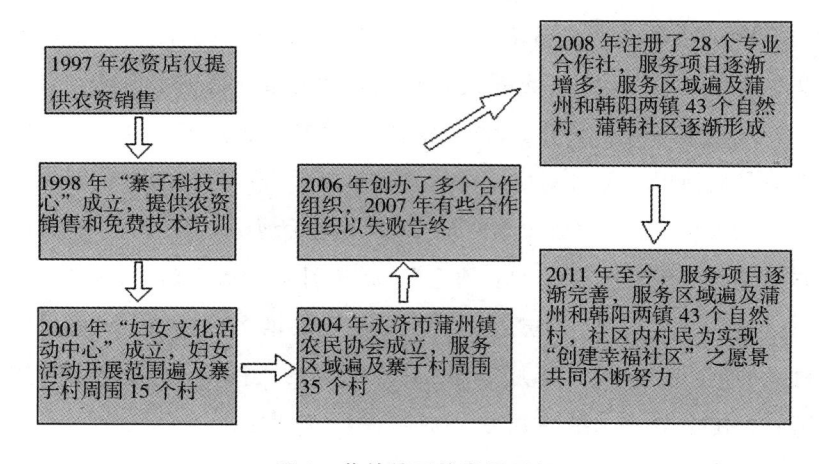

图 1 蒲韩社区的发展历程

(二) 认识妇女组织建设的重要性

2000 年的时候,随着参加培训的人逐渐增多,农资店的名声也在附近的几个村子里传开了,农资店的收入也越来越好。此后参加培训的妇女不满足仅仅只学习农技知识,她们开始思考如何运用这些知识去投入农业生产,进而达到致富的目的。

随着农资店销售的兴旺,以及妇女们对致富项目的需求,郑冰觉得农民不仅仅需要技术上的支持,更需要的是农村的脱贫致富,于是她又从外地拉回了一个合作养鸡的项目,采取"龙头企业 + 农户"的模式运作,对于这个项目市里的领导很支持。就这样小寨村的妇女合作进入了一个小高潮，领导很支持她们，亲自帮她们跑回了 15 万元的贷款，郑冰也义不容辞地做了这笔贷款的担保人。

但初兴的合作很快就遭受了严重的打击，一是，农资店赊给农民的十几万元没法收回，郑冰回忆"那时，周围的乡亲们都来店里赊销化肥，一年赊销额十一万，原本说好到了年底一并还钱，但那年芦笋行情不好，年底谁都不还钱"。（个案 1—ZB）二是，收购芦笋赔钱，那两年当地芦笋市场收购价格滑入低谷，"当时芦笋的收购价格完全是厂家和中间商说了算，不仅没能解决乡亲们的难题，自己还赔了一万多"。（个案 1—ZB）三是，贷款养鸡项目因市场波动遭到失败，合作的公司停止收购，风险损失转嫁给养鸡户，养鸡户根本无力偿还贷款，郑冰作为担保人还要承担偿还贷款的责任。

有了农技知识培训之后，部分农村妇女的社会认知开始发生改变，她们开始意识到要提高自身素质、参与农村生产脱贫致富，最初形成了一个松散的以农资购销和农技服务为核心业务的互助合作性网络。在这个过程中还得到了市妇联和分管农业的市长等的帮助和支持，妇女带头人郑冰也积极地帮大家贷款、为村里代收芦笋、给乡亲们赊销化肥，但最终这个松散的网络还是失败了，原因为何？

郑冰自己也做了很多反思，她认识到最根本的就是要改变农民的观念，改变农村的封闭、自私、愚昧和麻木不仁，并且要把农民特别是农村妇女组织起来。农村事业的发展不能仅凭某个或某些农村妇女去推动和努力，这需要农村妇女集体的力量。农村经济社会的发展离不开妇女的团结与合作。在寨子村，要让农村妇女积极地参与农村建设，仅凭农技知识培训和松散的经济合作是不够的，这需要一个有凝聚力和向心力的集体把一个个处于分散状态妇女集中起来改变其原有的"自私"与"封闭"，让她们承担起自己的一份社会责任，并共同致力于农村事业的发展。

2001年，经历了挫折和失败之后，郑冰及时总结经验教训，积极地探寻改变农民观念的方法。如何才能有效地把农村妇女组织起来，郑冰从组织妇女跳舞中看到了希望。

（三）从妇女活动团队到协会组织

随着妇女跳舞和学习活动如火如荼的推进，一个以妇女为主体的自组织已初具雏形，"妇女文化活动中心"便改名为"妇女协会"。郑冰和她的妇女团队通过文化活动动员大家参与，蒲韩的妇女又重新凝聚起来了，农村妇女参与到农村建设的深度和广度都在不断地拓展。

随着妇女协会中又有了一些男性的加入，2004年6月，在市领导的支持下，"妇女协会"改名为"永济市蒲州镇农民协会"，在永济市民政局顺利注册。2005年党的十六届五中全会提出了"建设社会主义新农村"的时代命题，在政策的倡导和协会的推动下，蒲韩妇女从刚开始的文化活动参与扩展到社会经济参与，逐渐融入社会主义新农村建设之中，参与农村乡风文明、村容整洁、生产发展等建设，充分发挥她们在社会主义新农村建设中的生力军作用。

郑冰和几个妇女骨干认识到，虽然通过跳舞活动把妇女组织起来了，但是仅仅是跳舞还不行，还得让妇女们懂道理、长见识，农村妇女的整体素质必须提高，于是她们又开始组建妇女学习小组，之后妇女活动项目逐渐增多，有跳舞、走秀、辩论赛学习、手工艺等。

2004年在永济市民政局顺利注册"永济市蒲州镇农民协会"之后，又成立了红娘手工艺和村建理事会，协会围绕寨子村周围35个村开展了文化娱乐、环境卫生治理以及各项经济合作活动等，妇女在当中起到了带头和骨干的作用。在那时，协会成为了一个集经济、文化、娱乐、社会公益服务等多功能为一体的蒲韩农民协会，简称为蒲韩农协，蒲韩社区初步形成。

（四）合作购买农资成为妇女经济参与的组织平台

蒲韩妇女通过参与农村乡风文明和村容整洁建设已经形成了一个具有较强凝聚力和向心力的组织，这就为她们充分参与农村经济建设打下了坚实的基础。2000 年遭遇的三次挫折让郑冰做了深刻地反思，于是 2002 农资店便开始尝试一种新的经营方式：向关系好的农户每户借款 2000 元，年底按照盈利情况对这些农户进行了分红。后来她们发现这种方式既能减轻农资店的现金压力，也可以将农户的闲钱集中起来，给农户以分红。到了 2003 年，便公开以入股的方式向农资店过去的顾客推广，妇女干事 SQQ 回忆①："那时候我们农户的入股是一亩地 50 元钱，比如你家里有三亩地你就可以出 150 元钱，入股会员可以享受一个优惠，比如你用现今到我们店里买农资，就可以享受一袋化肥便宜一到两块钱的一个优惠。"（个案 8—SQQ）

那时，蒲韩妇女已经有了购销合作的初步探索，妇女文化活动中心的积极分子和农技服务网络的骨干们一起商议，最后决定以原来的农资购销网络和妇女活动网络中有稳定联系的农户为基础，组建一个综合性的协会。2004 年，协会进一步从制度上规范了统购统销的合作板块，农户按照所经营土地面积入股，农资店既可以直接从厂家进货省去中间环节的费用，还可以用股金预付货款获得厂家额外返利，所产生的利润按比例提取社区公益金后，剩余利润用作股金分红和对交易量实行返利。2004 年农户农资入股 30 万元，2005 年达到 40 万元，这两年每年都是以买农资 1000 元优惠 80 元的方式返还给农户。

农村的生产发展离不开农业技术，蒲韩的农资购销合作和农

---

① 为了保护受访者隐私，按照学术规范，本研究除了郑冰老师用的是真实姓名外（因为她是大家熟悉的公众人物），笔者对其余的被访者的姓名都做了处理，文中用的均是英文字母代替，特此说明。

业技术培训服务是相结合的，蒲韩妇女能充分参与到农村生产发展之中得益于她们一直在做的农业技术培训，妇女 LJR 说："农业技术培训有两种模式，一种是以农资店为中心，定期请老师给大家上课，加强大家对农业技术知识的掌握；另一种模式就是大家组成村民学习小组，讨论和总结在学过的知识。"（个案 3—LJR）另外，2003 年至 2005 年期间，协会还从运城农学院找来了一些大学生，分别安排在几个农资店工作，他们给农民讲解农业知识，教授农民科学施肥用药，让农民深刻感受到种庄稼离开科学是不行的。

（五）经济参与的风险对妇女组织的负面影响

2007 年涂料厂、手工蒸馍坊和千亩生态园三个经济项目的失败，对蒲韩社区产生了很大的影响。当时寨子村的妇女退出协会的人也不少，有几个从妇女跳舞开始就参与进来的妇女骨干也都不约而同地离开了协会。不仅如此，那时候由于经济领域合作的失败导致文化领域的合作停止不前，大家花了大力气投入经济合作中未见成效，打击了农村妇女参与新农村建设积极性。

妇女骨干 LJR 说："一开始我们对千亩生态园规划得很好，但操作中却遇到了各种困难，2006 年我们一下子上了三个项目：涂料厂、蒸馍坊和生态园，根本顾不来，分散精力也是导致生态园不好做下去的原因。我们一些人，那几年没有工资，花了很多心思在这里，希望带头去做，把它做好。但是生态园的衰败伤了每个人的心。2007 年其他两个项目也都没做成，大家一下就觉得没劲了，像气球被扎了一针，气泄得精光。一些人不考虑协会前期的投资，觉得生态园里的棉花有些收成，还该给她们分红。我们几个骨干特别伤心，也累心。"（个案 3—LJR）那时 LJR 本人也离开了协会："当时我心里觉得在这个村子待不下去了。所以 2007 年才找的下寺学校作为另一个办公地点。我也受到挺大的打击，那时女儿身体也不好，我就外出陪她出去看病了。"（个案 3—LJR）

另外，那段时间大家的心情都很低落，RSL 和 NSQ 也都离开了协会一段时间。RSL 说："那时候大家是不太理解郑老师，当时那三个项目运营不太好，她对产品的质量要求也很严格，我们的理念跟不上，有时大家会有些情绪，有情绪我们就会发生一些口角，有时候就会受不了了，再加上连续三个经济合作项目失败，对我们打击挺大的，正好那时候我女儿在北京，我就去北京待了一段时间。"（个案5—RSL）

在现实生活中，人在面对困难时常会自然产生一种逃避心理，这种逃避心理是当个体遇到困难和挫折，以及与他人和社会发生矛盾及冲突时，不能自觉地解决困难、矛盾和冲突，而选择逃避的心理现象。几个妇女骨干从刚开始组织妇女跳舞到后来组织大家搞经济合作的过程中，都投入了大量的热情和精力，而最终经济合作以失败告终时，她们的付出与回报处于一个失衡状态，而那时的她们在内心深处是不愿意接受这种失败的，再加上农村"熟人社会"的生活环境，失败引来了村民们的指指点点和质疑，因此她们都选择暂时逃避，离开了这个"熟人社会"的异样眼光去外地"平复情绪"。

2007年NSQ也暂时离开了协会，没有继续融入蒲韩社区的新农村建设之中，据她回忆："那时协会搞的那三个项目失败了，我们几个都挺灰心的，她们都去外地了，我丈夫一开始也是不太支持我去协会，因为有时候工作会顾及不到家庭，后来丈夫说想去西安开饭店，我也就和他一起去了。"（个案4—NSQ）

按照 Siegrist 的付出—回报失衡（Effort - Reward Imbalance, ERI）模型，蒋苾菁等人认为，"付出和回报之间缺乏互惠或公正时即在高付出低回报的条件下，员工更易体验到情绪衰竭，从而产生疏远的态度"[①]。蒲韩社区的一些妇女和妇女骨干在付出—回报

---

① 蒋苾菁、张雯：《付出—回报失衡与工作倦怠的关系》，《中国心理卫生杂志》2011年第1期，第75页。

失衡的状态下个体的自我成就感就会降低，从而也会导致了一些负面情绪的产生，容易产生逃避的心理，使得个体更愿意去选择一个新的环境，去重新找到实现自我价值和意义的途径。

（六）以农业经济为基础构建合作社

2008年，协会重新规划了经济合作服务板块，将目光转向了有机农业，那时协会的服务区域已经扩至周围43个村。于是，协会组织43个村庄内所服务的农户，以当地所种植和养殖的品种划分注册了28个专业合作社，以这些专业合作社为基础，又成立了一个有机农业联合社，之后又有20个没有注册的专业合作社加入进来，就这样整个蒲韩社区的有机农业开始做起来了。郑冰回忆："那时我们感觉用化肥的土地其利用率越来越差，我们需要保护土壤，所以从2009年开始我们就从土壤转化做起，引导每户有1—3亩地来做土壤转化。在2008年的十年规划里面，我们计划在社员所拥有的8万亩地里面保证有3万亩地是一定不用农药化肥的，现在我们与迈思公司合作，继续坚持做有机农业。"（个案1—ZB）目前，根据蒲韩社区资料显示，2013年引导社员进行土壤改良转化的土地有9656亩。

蒲韩社区的有机农业联合社成立之后，为蒲韩妇女提供了一些就业岗位，妇女骨干LJR就在那时重新回到了社区协会工作，她说："因为生态园和女儿生病，那时候我心情郁闷，也特在意其他人的看法，就不想回协会工作。但是郑老师每次过年都还来我家转一圈看看。2009年的时候，协会已经建立了有机农业联合社。当时的社长是个姓谢的大叔。他春节来我家，说非要把我带回协会不可，要不就不好向郑老师交代，我就过去了。再后来，郑老师让我做联合社的社长，我犹豫了一下最终接受了。"（个案3—LJR）

协会在社区推广农业有机种植时，先在青年农场进行小范围的选种试种，成熟后便有协会的工作人员入户给农民进行技术讲解，鼓励和引导他们种植。对于接受有机种植的农户，工作人员会对他们进行回访，搜集种植过程中遇到的问题，然后反馈给协会。再由协会召集技术专家和当地技术能手讨论寻找解决办法，之后由联合社的工作人员再入户讲解，并追踪实际效果。

在此过程中，协会发现入户访问调查讲解，都需要人手，所以后来协会就招了几批妇女辅导员，专门负责入户调查工作，了解村民的需求，推广农业有机种植技术，做好村民关于农资统购、小额信贷、日常消费品统购、农机服务（土壤转化）、城乡互动、居家养老、儿童服务、手工艺和农业技术培训九项业务的需求调查，及时为社区村民提供服务。社区有机农业联合社的成立为蒲韩妇女参与农村建设提供了一个平台，使得她们能够实现农村社区就地就业，吸引了较多年轻妇女参与到蒲韩社区的新农村建设之中。

自2008年以来随着蒲韩社区有机农业联合社、资金互助服务部、青年农场等的成立和运作，其经济领域的合作逐渐有了盈利，接着协会的财务管理工作开始跟上社区发展的步伐，各个板块都在不断地完善之中。2010年蒲韩社区又成立了"城乡互动中心"，主要是为了促进蒲韩社区与运城、永济等城市消费者之间的互动，以生态产品为纽带，寻找认同和支持蒲韩社区发展理念的城市消费者，培养稳定的消费群，坚定农民从事有机农业及社区发展的信心。

当前协会又在永济市和运城市分别设立了办公室，与城乡互动部门相配合，据协会财务部门统计，2012年城乡互动中心的收入比农资店大很多，大约有500万元的收入。在近段时间，协会又招收了一批新的辅导员加入永济和运城的工作队伍中，城乡互动这块招收的辅导员男女比例适中，因为需要一些男性去跑市场，而之前的辅导员多为女性。

（七）把合作社办成综合性农民合作组织

蒲韩妇女围绕农业建立合作组织的同时，仍然坚持多年的传统，强调组织的社会功能。

首先，她们在开展经济领域合作的同时，始终也在探索和完善社区的文化建设。目前在社区公共服务板块有以妇女为主体的妇女文化中心、有以社区老人为服务对象的老年康乐服务中心、有倡导普及健康教育的健康协会、有以留守儿童教育为主要内容的儿童夏令营项目，有开展农民教育和农技培训的农村社区学校，有以社区生态环境建设为主要内容的生态家园中心等，她们通过开展这些社区公共服务，与经济领域的合作相结合，共同致力于蒲韩的新农村建设。

老年康乐服务中心是2009年新成立的一个社区公益服务板块，成立之初的定位是为社区内老人开展服务。蒲韩社区的老人大约有2000多人，社区为老人提供的服务有两种：一种是对生活能够自理的老人提供社区照料；另一种是对生活不能自理的老人提供一对一上门服务，这种服务方式被称作"居家养老服务"。妇女骨干RSL目前负责这一板块，她说："我们的居家养老服务就是让护理员到生活不能自理的老人家中去照顾那些人，为老人每天做两顿饭，帮老人打扫家庭卫生，与老人聊聊天，帮老人洗洗衣服等，护理员每天有一定的生活补贴，由接受服务的家庭子女承担。"（个案5—RSL）一般护理员多为社区中年妇女，除非有一些特殊情况，比如有些瘫痪的老人为男性的话社区会请一些男护工。"另外，对于生活能自理的老人我们提供社区老人照料服务，让我们的老人在自己的乡村，白天一起生活，相聚在芬芳同乐屋①，晚上回自己家睡觉，我们安排护工、护理师、义工等为这些老人提供服务，老人们在芬芳同乐屋里可以一起聊天，一起剪纸，一起画画，一起唱戏等，我们还会定期请医务人员为他们做体检。"（个案5—RSL）目前为社区提供老人照料服务的义工全是妇女，她们已经组成了一个妇女义工团队，轮流给老人做饭，增进了与老人之间的互动，社区

---

① "芬芳同乐屋"是社区提供老人照料服务的场所，老人们白天在这里一起生活，晚上各回自己的家。

妇女 JXY 说："当时协会要找义工为社区老人轮流做饭，我就参加了，我媳妇也是在协会工作，她也鼓励我参加，在为老人做饭的那段时间，我有很多感慨，原来老年人在一起生活也可以那么丰富多彩，我们平时对老人关心太少了，都没有好好照顾他们，现在能为他们每月做一次饭，我觉得很开心，他们有时候还会教我剪纸，做小孩子穿的老虎鞋，我们和老人之间相处都挺融洽的。"（个案16—JXY）

当前 "386199 部队"① 成为了中国城市化进程中的一大特色，留守老人、留守妇女、留守儿童问题已备受关注，如何解决这些问题，蒲韩的社区公共服务让我们看到了希望，老人们在农村社区能够 "老有所养，老有所依，老有所为，老有所乐"，妇女们也能积极地参与到为老服务中，儿童为老人表演节目，老人教儿童念童谣，这样其乐融融的社区生活环境，让社区的老人能够幸福地度过晚年生活。

随着社区服务的不断完善，这就为蒲韩社区妇女参与新农村建设提供一些新的就业岗位，不仅有老年康乐中心的为老服务，还有生态家园的垃圾分类整理和回收的服务，年轻妈妈育儿教育服务等，让妇女能够充分地参与到社区生活领域的社会互动中，积极地融入新农村的建设中。

综上所述，经历了挫折磨砺的蒲韩社区变得更加坚强了，"恢复"了之前的凝聚力，社区的发展、组织的发展以及妇女自身的成长与发展都紧密地联系在一起，这种凝聚力和向心力已经脱胎换骨，不再是以前的以经济利益为纽带的薄弱力量，而是发展成以生活和情感为纽带的坚实力量，这种内在驱动力吸引着越来越多的妇女融入新农村的建设之中。

---

① 随着中国城市化的发展，农村男性青壮年劳动力进城打工的数量剧增，广大农村留守的妇女、儿童、老人也作为一个特殊群体备受关注，被戏称为 "386199 部队"，38 即妇女，61 指小孩，99 代指老人。

三 活动团队激发农村妇女的潜能

(一) 农村妇女素质问题

人的综合素质一般包括思想素质、文化素质、身体素质和心理素质等,在农村由于长期的性别不平等观念的影响,妇女在获取教育资源中常常处于劣势地位,妇女对自身的期望值也较低,导致农村妇女劳动力的文化程度普遍偏低,受教育程度的局限,一定程度上制约了农村妇女的作为。目前,大多数农村妇女虽然已经是家里主要的劳动力,但她们在精神上对丈夫的依附性仍然较强,她们满足于自家经营和操持家务的小视野,社会参与的主动性较低。

一些学者对农村妇女自身素质进行分析。刘国珍认为目前农村妇女综合素质低下,"农村妇女的素质、思想和技能状况还不能适应新农村建设的需要"①。蒋美华等在《新农村建设中农村女性发展的思考》② 中总结了农村女性参与新农村建设所存在的主要问题:一是传统思想的束缚问题。比如"男尊女卑""男主外、女主内"等思想阻碍了她们在新农村建设中重要作用的发挥。邹琳在对广西宾阳县农村妇女参与农村建设的现状做了实证研究,研究发现,"农村妇女个人文化素质普遍较低的现状,成为阻碍农村妇女发展的瓶颈","农村妇女平时没有农活时,增收致富的意识不强",并且"两成多的农村妇女平时从不参加各方面组织的各种活动"③。

二是蒲韩社区也存在妇女素质问题。根据郑冰和最早参加妇女

---

① 刘国珍:《充分发挥妇女在社会主义新农村建设中的作用》,《天水行政学院学报》2008 年第 2 期,第 117 页。
② 蒋美华、李倩:《新农村建设中农村女性发展的思考》,《学习论坛》2009 年第 9 期,第 61—63 页。
③ 邹琳:《农村妇女在新时期农村建设中的作用研究——对南宁市宾阳县农村妇女的调查》,华中农业大学硕士学位论文,2008 年,第 12—13 页。

活动的几个骨干回忆，当时村里的农民对科学有效地使用化肥的知识比较缺乏，盲目追随别人，再加上农户在农业生产过程中因化肥和农药的用量不当而造成严重损失的情况时有发生，这引起了郑冰的反思，并认为在农资销售的同时也需要为老百姓提供一定的农技知识服务。

蒲韩社区在其十几年的发展过程中培养出了一批相当出色的妇女骨干，妇女 LCR 就是其中的一位，她当时参加了郑老师举办的第一次农技知识培训，现今她已经是寨子村的村妇女主任。在采访中她回忆了 1997—1998 年寨子村妇女的一些基本情况：

"当时寨子村的风气很不好，婆婆媳妇经常是水火不容，妇女的农闲时间不是互相聊家常就是打麻将，对农业知识更是不闻不问，农忙时仅凭经验在庄稼地里干活，郑老师举办的这个农技知识培训在当时对我们来说很受用。"（个案 2—LCR）

蒲韩社区的另外一个妇女骨干 LJR，目前已是永济市蒲韩有机农业联合社的社长，她也见证了蒲韩社区的改变与成长，据她描述当年的寨子村可不是现在人人夸赞的寨子村：

"1989 年我嫁到寨子村，当时寨子村村风特别不好。我们家对门的一对老人抱养了个儿子，后来娶的是外村的媳妇，媳妇霸道，有一回为个小事，居然将娘家人叫过来把婆婆的眼睛打瞎了。媳妇还把厨房锁了，不让老人进去吃饭。"（个案 3—LJR）

当时寨子村村民的文化水平较低、整体素质不高，他们对农技知识也不了解，种植庄稼也很盲目，农村妇女对农村社会经济的发展所表现得态度也是非常麻木与冷漠，对农村事业不关心、不过问，也不相信自己作为女性在农村建设中能发挥重要作用，整个寨子村的农村妇女是"一盘散沙"的局面，安于现状、自我封闭、互不信任。

当时寨子村妇女的无知与麻木不仁深深触动我们对社会的反思，受中国传统封建思想的影响，在农村人们的思想观念中"男主外、女主内"的思想仍是比较严重，从社会性别的角色分析来说，在农村社会中男性一般承担有报酬的生产和社会政治活动的角色，而妇女更多扮演的是照顾家庭和抚养子女的角色，是自愿且无报酬的，这就是一种传统的"男主外、女主内"的性别分工模式，在这样的状态下，"农闲时的妇女不是打麻将就是拉家常，使得农村的风气很不好，家庭关系也不和睦"（个案2—LCR）。1998年寨子村呈现的景象也是中国农村的真实写照。

如何改变寨子村村民整体文化素质不高的局面，如何改变以男权为中心的封建传统思想观念，如何才能使寨子村的妇女从"无知"的状态中走出来，郑冰老师举办的农技知识培训给她们带来了希望。

（二）农业技术培训：围绕共同需求开展活动

蒲韩社区农村妇女参与新农村建设的历程起源于1998年在寨子村最初举行的一次农技知识的培训，那时郑冰还是一个村里的小学教师，业余时间帮丈夫打理自家在黄河滩的农资销售店，主要经销化肥和农药。据郑冰回忆，当时一次偶然的经历促成了最初的农技服务网络的形成，因不满一些供货商打着请专家到村子里做关于农技知识讲座的旗号来推销产品，便决定自己掏钱承办农技知识培训班了。

那时，郑冰请来了两位老师给农民做了第一次农技知识培训，为了避免上课冷场的尴尬，郑冰便事先到周边的10个自然村做宣传，联系了80个妇女，再通过她们去做别人的思想工作，当时她走的就是一条"妇女路线"。据当时郑冰回忆：

"第一次技术培训是1998年的10月24日，我们联系了10个村80个妇女，但是真正过来培训的人数竟超过了四百人，而妇女的人数就有三百多人，真是出乎我的意料。"（个案1—ZB）

这是组织妇女一起学习的一次成功实践，在培训课上大家表现得都很积极，农村妇女社会认知的改变正存在于这些不断学习的"蓄水池"中。

任何改变都不是一蹴而就的，实现华丽转身的背后往往是漫长而艰辛的努力过程。在这次农技知识培训中，我们看到了一群愿意接受新事物，愿意学习，愿意被改造的可爱的农村妇女，她们便是农村的"星星之火"，等待燎原。

由于第一次培训效果特别好，培训结束后很多村民都问她什么时候再举办这样的培训，看到村民们对农技知识的需求，郑冰便产生了将培训持续做下去的念头。

1999年郑冰辞去了民办教师职务，专心帮助丈夫打理经营农资店，做农业科技知识培训，之后"寨子科技中心"成立，她每个季度都会组织一次农技知识讲座。正是妇女们对农技知识的渴望与需求才促成了之后许多妇女的成长与改变，需求是个体成长和发展的内在力量，而需求又影响着人的行为。郑冰之后多次组织的农技知识培训正好给她们提供了一个能满足其"求知"需求的平台。

蒲韩社区妇女骨干 NSQ，目前已是红娘手工艺的总负责人，她也是最早参与农技知识培训的妇女之一，据她描述：

"1998年郑冰组织科技培训，那时起我就开始接触协会，刚开始只是抱着一种兴趣来参与，没想到的是这一参加就是十几年，当时我就觉得农技知识对我们很有用，自己也学到了很多知识，后来组织的妇女跳舞、学习、辩论和手工艺我都参加了。"（个案4—NSQ）

正如克雷顿·埃尔德弗所说："需求就是激发动机的原始驱动力。"现在蒲韩社区的核心妇女骨干都是从一开始参加农技知识培训逐步培养起来的，若要激发农村妇女参与新农村建设的积极性和主动性就不能忽视她们的需求，就要注重她们内在的原始驱动力，农技知识培训的开展与宣传为后来的妇女文化活动奠定了"妇女参与"的基础，蒲韩社区妇女参与农村建设的"机缘"由此产生。

（三）文化活动是扩大妇女参与、提升能力的有效途径

2001年的7月份郑冰去了一趟武汉，当时她看到武汉的妇女

都在街头跳健身舞,心生羡慕,相比之下她又想到村里的妇女不是搓麻将就是串门聊天,说的无非是些东家长西家短的闲话,风气不好,于是她回到寨子村之后便和村里的几个妇女商量要组织妇女一起跳舞。

她们找了市里的妇联帮忙,请来了舞蹈老师教大家跳舞,郑冰事先组织 24 个人,选出 6 个带头人,其中有 3 个现在依然是蒲韩社区的妇女骨干,还有 1 个现在在村委会担任妇女主任。

在组织妇女跳舞的过程中,郑冰她们遇到了困难,看热闹的妇女喜欢议论她们,还老有人说一些风凉话,有人甚至称她们为"女流氓"。

组织妇女跳舞遇到的困难和障碍让郑冰再一次看到了农村妇女的封建与愚昧,在她看来,要改变农村妇女的这种陈旧观念就必须坚持下去。当时,从组织农技知识培训到妇女跳舞的过程中还是挖掘出了一些有潜力的农村妇女,她们容易接受新事物,热爱生活,有主见并乐于提高自身素质,她们在郑冰的带领下组成了一个较有凝聚力的小团队。妇女 NSQ 说:"在我们农村,话语权往往掌握在两类人的手里:一类是强势者;另一类是造谣者。其他的人或碍于情面,或出于自保,很少有人挑战这一权威。所以,村里人往往是非不分。"(个案 4—NSQ)NSQ 就是这个妇女小团队里面的一员,她们在与农村封建愚昧现象的互动和较劲中不断前行。

在这个妇女小团队的努力下,妇女跳舞一直坚持了下去,令她们惊喜的是,一个月之后舆论就发生了很大的变化。参加跳舞的人越来越多,到后来一些说风凉话的人也加入进来学习跳舞,郑冰说:"那时,我们天天坚持,天天下午开始跳,结果坚持不到一个月,我们整个巷道都是跳舞的,我们村 120 个妇女 80% 都加入到跳舞的队伍中,包括老年妇女,原来说风凉话的也不再说了。"(个案 1—ZB)

在当时,寨子村妇女的社会参与的积极性在跳舞活动中达到了一个前所未有的高峰,虽然那时她们的社会参与仅仅表现在乡风文明这方面，但是她们封建传统的陈旧观念逐渐开始发生改变。

后来，外村的人都很羡慕寨子村的妇女在闲暇时间搞丰富多彩的跳舞活动，于是郑冰从寨子村选出了 25 位妇女把跳舞活动向外村发展，越来越多外村的妇女们接受了这种新的生活方式，慢慢推广到了周边 30 多个村。2002 年的三八节，在市妇联的支持下，郑冰和妇女团体中的骨干们组织了 500 多名妇女到永济市表演秧歌舞。2003 年在市文化局和妇联的帮助下，郑冰组织了 35 个村 1000 多名妇女在正月十五闹元宵的时候到永济大街上跳千人秧歌，郑冰回忆："那次千人秧歌跳舞活动对市政府的领导鼓舞很大，那时市委副书记还说我们农村妇女给他们上了一堂课，我们有什么需要帮助的尽管提，他们都可以帮忙，那时市委领导的话也给我们带来很大的激励。"（个案 1—ZB）

以寨子村为中心辐射到周围 35 个村的妇女跳舞活动使得蒲韩妇女参与农村文化生活进入了一个前所未有的高潮，参与的人数非常多，参与的积极性也非常高，她们逐渐理解了这种新的生活方式。她们的改变从文化参与开始，"在心理上，文化反映了人们的归属需求和趋同需求"[①]，当传统文化中一些愚昧和封闭的思想观念阻碍女性发展及其社会参与时，就需要打破这种陈旧的观念，建立新的文化理念，让更多地女性对这种文化理念有归属需求，让女性的思想得到解放，推动女性发展与社会参与登上一个新的台阶。妇女的跳舞活动把大量的农村妇女都聚集起来，为之后她们能充分地参与到农村的各项事业发展之中奠定了基础，成为引领农村妇女参与新农村建设的"导引"。

（四）学习小组：妇女自我成长的新机制

提高农村妇女科学文化素质的主要途径就是要不断地学习，

---

① 张广利、杨明光：《后现代女权理论与女性发展》，天津人民出版社 2005 年版，第 184—185 页。

学习农业科技知识、学习先进生产经验和管理方法，开阔视野，转变观念，使她们不断适应社会主义新农村建设的要求。自 2001 年郑冰组织妇女跳舞之后不久，就开始组织妇女学习，当时她选了 28 个学习小组组长，组成了 28 个学习小组，农闲时间聚在一起学习。

在组建妇女学习小组的过程中，郑冰和妇女骨干也遇到了困难，与刚开始组织妇女跳舞活动时一样，很多妇女的思想观念还是比较封建和落后，妇女骨干 RSL 这样说道："我们去找她们学习，她们就只会和我们谈挣钱，比如她们会说'我给你们去跳舞和学习，你们能给我多少钱？'后来我们跟她们说跳舞不是为别人而跳的，那是为我们自己跳的，跳舞能使我们自己心情愉悦，身体健康，为什么不跳呢？学习也一样，我们自己多学点知识不是更好么？……后来她们慢慢地接受了，就开始融入到我们的学习小组中。"（个案 5—RSL）

组织妇女学习从辩论赛开始，她们选取了身边息息相关的一些事情作为题目，学习电视里大学生的辩论赛是如何辩论的。据妇女 LCR 回忆："当时我们辩论的题目主要有生男孩好还是生女孩好；婆媳矛盾是婆婆的责任还是媳妇的责任；盖楼房好还是盖平房好；穿高跟鞋好还是穿平跟鞋好；农村发展是靠党的富民政策还是靠农民素质的提高？刚开始辩论的时候大家总会吵得不可开交，渐渐地她们认识到自己的知识水平不够，开始对学习产生兴趣了。"（个案 2—LCR）

就这样小寨村的妇女们认识到自己的"墨水"不够，心里有理，嘴上却说不出来，就开始商议组织起来学习，提高自己的知识水平。几个积极分子还把自己家的房子腾出来免费给大家当学习教室，她们每天晚上干完家里活后便集中到一起学习，读书讨论，从天下大事到身边琐事，从生产技术交流到家庭教育，再到政策法规，一边学习一边讨论，大家的学习兴趣越来越浓厚了。随着妇女跳舞、学习、辩论赛等活动的开展，在郑冰和妇女骨干的带领下小寨村的"妇女俱乐部"成立，后又改名为"妇女文化活动中心"。

2003年11月，在市妇联的推荐下郑冰参加了北京农家女机构举办的研修班，听了张正教授和谢丽华老师讲课，郑冰觉得很受益，她也结识了一批从事乡村发展工作的实践者，同时也了解到了社区建设的概念，回到家乡后郑冰将了解到的社区建设的一些理念与妇女们做了分享，大家听了很振奋，都觉得要用双手改变自己居住的社区。从妇女跳舞到妇女学习，农村妇女的社会认知逐渐发生改变，开始从"封闭"的思想观念中走出来，主体意识也逐渐增强，认识到要用自己的双手去建设乡村幸福家园。

自从接触到农家女公益组织之后，寨子村的妇女学习又进入到了一个新的阶段，她们开始学习《农家女》杂志，妇女RSL谈道："我们当时是自费购书，所以我们妇女就几个人共用一本书，每个人每天都要学习里面的内容，第二天每个人要分享自己看的内容，大家也可以对书中的内容进行讨论，总之学习方式多样。"（个案5—RSL）妇女学习与妇女跳舞活动一样逐渐从小寨村扩散到其他的村子，参与其中的妇女人数也是越来越多，这个妇女团队的影响力越来越大，得到了镇政府和市政府的好评与认可。

随着参与跳舞和学习活动的妇女人数逐渐增加，妇女骨干发现其中有一些妇女是不识字的，妇女RSL说："当时妇女的学习积极性很高，很多人都想加入进来，但是我们发现有一批妇女是不识字的，在学习的时候只能听说，不会读写，所以我们就又开设了一些妇女学习班，教她们识字写字，一开始教她们学写自己的名字，教她们阅读文章。现在，很多妇女都不再是文盲了，我们都是懂知识有文化的农村妇女了。"（个案5—RSL）

通过组建妇女学习小组，蒲韩社区妇女的社会认知发生了一个很大的转变，逐渐从封闭愚昧的思想观念中解放出来。美国心理学家阿尔伯特·班杜拉在《思想和行动的社会基础：社会认知论》一书中系统总结了社会认知理论思想，提出了著名的三元交互决定论，他认为行为、人的内部因素和环境三者彼此相互联系，相互决定，并认为人是由外部环境、内部主体性因素及过去与现在的行为这三者之间的动态交互作用的产物。蒲韩社区妇女社会认知的转变，不仅受其自身内部因素的影响，还受到其周围生活环境的影响，当周围的越来越多的人开始接受并认同这种新的文化理念——"努力学习，改变自我"时，妇女个体就较容易去理解和接受这一新的文化理念，因为客观环境发生了改变，个体的社会认知就会受其影响，这种影响在农村这样的"熟人社会"中表现得尤为明显。

（五）农村妇女的增能和增权

增能（enabling）和增权（empowering）是社会工作理论的核心概念。《韦伯斯特新世界词典》（1982年）定义"增权"为：赋予权利或权威；赋予能力；使能，允许。在妇女社会工作中，"'增权'的核心，就是通过资源的提供、知识的获取和能力的培养，使个人能够提升控制自己生活的能力，从而在生活中减低无权感，由被动变为主动，由弱变强。"[①] 增权既是一个过程也是一个结果，重视个人自我效能的提高和自我意识的提升。增能过程有几大要素："增强自我效能，培养进取精神；培养团队意识；担负起赋权中个人责任，提高自我意识，成为主动的参与者；学习重要知识和技能。"[②]

蒲韩社区通过妇女小组工作增强妇女的自我效能，提高妇女的参与意识和参与能力，促进社区综合的、可持续性的发展。其中主要是通过文化、经济、社会、政治建设的增权，促进妇女积极参与新农村建设。

---

① 民政部社会工作司：《农村社会工作研究》，中国社会出版社2011年版，第128页。
② 民政部社会工作司：《农村社会工作研究》，中国社会出版社2011年版，第128页。

蒲韩社区的妇女活动主要是围绕农村文化建设开展的，妇女跳舞活动是社区最有生命力的文化建设内容，是社区发展初始汇聚妇女力量的主要途径，如今在农闲的时候，蒲韩妇女依然坚持开展这项有益身心健康的文化活动。

妇女跳舞活动就是以小组工作的方式开展的，首先根据小组工作中的兴趣原则和群体倾向原则把妇女聚集起来，然后把她们分成不同的小组，每个小组选一个组长组织负责小组内部妇女的跳舞活动，不定期的还会举行妇女跳舞小组比赛，督促妇女在活动中不断成长。这样就把分散的妇女个体变成了团结的集体，组员之间相互学习、鼓励和支持，实现小组成员的自我发展，培养她们自尊自重、自强自信的自我意识，培养她们的团队精神，使她们能看到自己的能力，挖掘自己的潜力，更好地融入社区的新农村文化建设之中。妇女骨干 RSL 说："妇女跳舞活动让我对自己更加有自信了，并且学会了用跳舞的方式来排解压力，同时，在组织妇女跳舞活动过程中也锻炼了自己的组织能力和沟通能力。"（个案 5—RSL）

蒲韩社区妇女小组工作的文化建设赋权模式还表现在组织妇女学习的活动中，通过组建妇女学习小组，促进成员之间知识、理念和经验的分享与整合，共同学习，一起讨论，不断地提升妇女的综合素质。比如：她们一起分享自己的生命历程故事，相互交流农村生产技术，一起练习普通话，一起学习政策法规，一起学习处理家庭关系的方法和理念等。除此之外，蒲韩社区还通过组建妇女手工艺小组，开展妇女健身操活动，举行妇女歌舞比赛等方式丰富了社区的文化建设内涵。

（六）妇女能力建设的团体动力学解析

蒲韩社区在组织妇女参与新农村建设的过程中运用了很多小组工作的方法，通过有目的进行小组活动和组员之间的互动，推动妇女成员之间的知识、理念和经验的分享与整合，使得妇女的个人成长获得进一步的发展，更好地融入社区的新农村建设之中。乐群是女性的性格特征之一，这就使得组织和团队成为从事妇女工作的重要载体之一。

闫广芬在《妇女社会工作》一书中总结了妇女小组工作的模式，其中社会目标模式、发展模式、赋权模式的目标都是实现妇女自身的发展和实现妇女社会参与意识的提升以及参与能力的提高。蒲韩社区在组织妇女参与新农村建设的过程中很好地实践了这些小组工作模式，提升了农村妇女在新农村建设中的参与意识和参与能力。

小组对个人行为的影响，存在三大机制：一是社会助长作用。小组行动可克服个人行动存在的单调感，提高工作或学习兴趣。组员之间的交流和沟通有可能激发新思想。二是社会标准化倾向。有着相似目标、相似兴趣、相似价值观的人在一起，相互交流，加强和放大其一致性，成为大家共同接受的东西，促使大家都朝这个方向努力。三是从众行为。个人受小组中大多数人的意见和行为影响，或者跟随大家形成相同的想法和行为；甚至在想法不同的情况下，因群体压力而在行动上与大家保持一致。

小组为个人行动提供心理支持，激发个人行动的勇气和积极性。在个体状态下，有的人即使有某种能力，有某种需求，往往难以行动起来，因为没有适当的环境，甚至受到环境压力。例如唱歌跳舞，个人就很难行动起来。而有了活动小组，个人就很容易参与进去，不仅在小组内唱歌跳舞，还逐渐产生勇气到公共场合甚至上台表演。因此，小组工作是动员农民社会参与的有效方式，参与的门槛低，阻力小。

小组可激发个人的学习精神，强化学习动力。参加小组的学习活动，组员之间存在相互激励的机制。交流个人的知识和经验，得到组员的肯定，可从中感到个人的价值。别人的经验，可激发自己的思考，从而得到新的体会，感到学习的效果。此外，组员之间还有竞争心理，看谁学习得多，学得好，激发个人努力提高自己的水平。例如手工艺学习小组，这种机制表现得就很明显，作品水平高的，自己就很有成就感。

　　小组可激发个人的创造性，发挥自己的潜能。在小组中，个人的建议可以得到组员的反响，其中有的建议可以得到大家肯定，对个人形成很好的激励，从而拿出更好的建议。个人在小组内做的事情，直接得到组员的肯定，这就是一种报偿，有助于激励个人做更多的事情。小组的发起人、领导人还锻炼了才干，发现自己的社会价值。

　　场域理论也有助于解释小组工作对个人成长的作用。发源于心理学的场域理论，其基本的分析范式是个人行为与环境的关系，认为个人的行动无论通过什么形式实现，都是在一定的社会环境中实现的。社会环境的因素很多，幅度很大，而小组则成为影响人们行为的最为微观、因素最少的环境。小组为组员提供了有利的小环境，改变个人行为，促进个人的成长。

四　组织化的妇女参与农村社区服务

（一）妇女推动社区文化和社区教育

　　妇女组织的成长，成为农村社区建设的重要力量。在现行体制下，村委会作为村民自治组织，负有开展社区服务的责任。但村委会同时作为"政府的腿"承担上级委托的事务，接受上级的考核，因此重视上级的要求，而忽视自治组织的自我服务。妇女组织弥补了这个不足，自己组织起来开展服务。

　　蒲韩妇女组织的成长过程，充分体现了妇女的自我教育。互益性质的学习小组及其活动使妇女认识到社区教育的重要性，开始行动起来，在文化、教育领域推进社区公益。

　　2006年7月，永济市蒲州镇农民协会和北京富平学校共同创办"永济市富平农村发展社区学校"，在永济市民政局登记注册，取得民办非企业单位法人资格，注册资金是15万元，运作经费主要来源于北京富平学校。当时建立学校的目的和愿景是通过由农民自己设计和规划的课程，为当地人提供可持续学习的机会，使更多的农民成为有文化、懂技术、会管理、热爱和关心所生活的社区的新型农民；培养农民对农村社区的认同感、归属感和自豪感，培养村民合作精神，促进农村社区的可持续发展。永济市富平农村发展社区学校的建立，为农村妇女充分参与新农村建设提供了智力支持。

2006年蒲韩社区还成立了健康协会，目的在于普及健康知识，倡导健康生活方式，提高村民的健康水平。在文化活动方面还开展了戏曲班、合唱队、书法班和写作班等，年底还会组织文化联欢活动。公共服务组织不仅丰富了蒲韩社区妇女的精神文化生活，而且还为她们的经济合作提供了精神支持。

蒲韩妇女还组织了许多社区文化活动，包括节日庆祝活动，例如九九重阳节组织老年人聚会，为他们举办演出。舞蹈团队自编自演节目，不仅在村里开展演出，还曾参加县里组织的比赛。

（二）妇女参与农村老年人服务

失能老人照护是留守老人及其在外打工的子女最担忧、最难解决的问题。蒲韩合作社3865户社员里，有老人2000多人。按照统计分布数据估算，其中应有200余人存在部分失能，60余人需要照护服务。这有两种选择：一是进养老院，实行集中照护；二是居家养老，由社区提供照护支持。合作社重视这个问题，着手建立老年人照护社区支持网络。

合作社的辅导员本来就了解哪些老人存在照护问题，为此上门征询他们的意见，商量上门照护的服务内容及收费水平。然后再根据了解的情况，估计村邻当中哪些人可能提供服务，进行协商。2012年，合作社为20户的老人安排了上门照护。护理员上门服务，负责打扫家庭卫生，做两顿饭，与老人聊天，洗衣服，擦身子，搀扶锻炼。护理费由接受服务的老人在外打工的子女支付。

农村并不缺乏老人护理的人力资源。虽然年轻人大都外出，但留下来的妇女及非高龄的健康老人，能够胜任家庭照护，而且劳力成本很低。合作社妇女骨干 RSL 讲了如下一个故事："找谁来服务？有个瘫痪 7 年的老人，给他找护理员时出现了很多问题。最初我想起一个妇女，55 岁，讲卫生、不嫌脏，和大家伙相处都很好。我跟她说了情况后，她要求先看一下，看完之后她不同意。我又找了一个 60 多岁的妇女，能吃苦、喜欢做事，她看了情况以后，也不同意。我很纳闷，后来我知道，原因是老人是男性，夏天只盖一个床单，洗衣服、擦身子都很不方便。于是我就想去找个男护理员，想到一个 70 多岁的老人，很勤快。我跟他说了情况后，他说：自己在家也没事，这个事能干。但是瘫痪老人的家里又不同意了，妻子说：找个男的来我家，不是让村里人说闲话吗？我问她：现在主要是给谁服务？她说是给她丈夫，我就说：那你就要替你丈夫去想，后来她就同意了。这个男护理员身体很健康，也很负责任，把瘫痪老人服务得很好。"（个案 5—RSL）

对能够生活自理、不需要照护的老人，可以采取老人日间服务中心的方式提供社区支持。中心不仅提供活动设施和场所，还提供膳食服务。蒲韩合作社办起了名为"芬芳同乐屋"的老人日间服务中心，租用一个农家院，投入 1 万多元于装修和家具，安排 15 名老人。老人早上 7 点半到服务中心，下午 6 点钟离开。一天两顿饭，各位每月交 200 元伙食费，可用家里生产的粮、油等实物抵现金交费。

农村有条件以很低的人工成本运作老人日间服务中心。"芬芳同乐屋"的人工及费用安排是：(1) 护工 1 人，负责保持厨房、屋内、屋外的卫生整洁；安排一周的生活；配合义工做好饭菜、改善老人生活。报酬是每天 10 元生活补贴，月计 300 元，通过向老人的子女收费解决。(2) 护理员 1 人，负责保持老人卧室、厕所、卫生整洁，组织老人活动，观察老人每天的变化，协调老人之间的矛盾；老人生病了要及时就医、通知子女；安排好义工的做饭时间，给老人洗头洗脚、剪指甲，协助兴趣小组进行每周活动；收取老人子女上交的粮油钱。护理员的服务费由合作社补助。(3)义工60人，为本村愿意给老人义务做饭的妇女，从1日到30日进行排班，每人每月给老人做一次饭。

(三) 妇女参与农村儿童服务

探索农村儿童服务，是一项新的事业。蒲韩合作社较早的关注了这个问题。2008年一位有城镇幼儿园工作经验的女青年返乡，加入合作社，因而设立儿童教育部门，开始探索这个问题。后来恰逢城市公益组织支持开展农村儿童夏令营服务，合作社的儿童服务由此起步。

农村儿童服务需求很大，家长愿意为孩子花钱、花时间；小学、初中学生很需要夏令营这样有组织的、内容丰富假期活动。2011年蒲韩社区第一次做儿童夏令营，招收学员40人，活动20天；2012年学员66人，活动15天。到2014年第4次办夏令营，学员人数增加到240人，分为40个班，多个活动点。活动内容包括：孩子自我介绍，认识剪纸和织布流程，游戏，画画，唱歌，跳舞，折纸，认识植物，认识昆虫，果园采摘，营养杯种植，动手剪纸织布、搓捻子，动手做饭，"小小厨师"比赛，黄河边玩沙、煮鸡蛋、捕小鱼，爬山，游泳，风采展示小表演，等等。并通过背诵《弟子规》等形式，把爱惜粮食、孝敬父母等社会公德等内容穿插进去，寓教于乐。安排孩子们去探望老人，给老人表演节目、讲故事，将儿童教育和养老服务结合起来。夏令营的最后一天傍晚举行会演，展示学习成果，更多的孩子在一起可增进相互认识；家长也来当观众，现场大屏幕播放孩子们在夏令营期间的照片，增加家长对孩子的了解。

合作社为开展儿童夏令营活动提供了平台，包括组织管理、设施条件和人力支持。蒲韩合作社有50多名常任工作人员，夏令营期间暂放下别的不急工作，多数工作人员进入夏令营管理和服务。加上公益组织安排的大学生志愿者，解决了人力问题。第三期设9

个活动点,合作社18位辅导员负完全责任,每个活动点2人;另有本地的大学生志愿者18人,外来大学生志愿者18人。在膳食方面,每天管早饭和午饭,合作社办有食堂,农民培训学校有伙房;主要是由学员家庭提供支持,孩子和所有服务人员带上自己的碗筷,轮流去学员家里吃饭。在经费方面,每个孩子交200元,其中100元为活动经费,100元为餐费。在活动资源方面,手工艺合作社、各生产合作社提供了相关的知识性、技能性活动支持。

除开展夏令营这样的短期活动外,儿童服务还应围绕家庭和社会教育,形成经常服务。蒲韩合作社开始注意朝儿童家长联谊会的方向发展,用小手牵动大手,把家长组织起来,发挥他们的积极性和创造性,交流家庭教育和方法,共同做好社会教育。

(四)妇女参与村民生活服务

农民日常生活需要购买消费品,蒲韩农民合作社反映了这一需求,通过辅导员联络农户,统计对各种物品的需求,由合作社统一购买。节日消费是农民的大宗生活支出,合作社发起团购年货,工作人员将了解到的农户需求信息汇总起来,统一采购,并分发到各户。2012年有300多户参与,合购金额15万元,平均每户合购金额近500元。

消费品团购的实质是消费合作,需要有农户广泛的、稳定的、长期的参与。为此,蒲韩合作社为农户建立合购账户,每笔合购完成后,并不直接把合购价与零售市场的差额支付给农户,而是记在账上,三年后返还。例如当时市场零售10元的商品,合购进价九元,就把差价1元记在社员账户上。

农户消费当中有一部分是农产品,除自家生产的,还要通过当地市场购买。蒲韩合作社运用社区机制,帮助农户互通有无,进行实物交换,部分替代了地产地销的消费品市场。合作社有3000多户社员,每家生产规模不大,品种也不多;发展商品化生产后,每户生产的品种就更少了,因此需要购买别家的产品。开展实物交换，免得产品去市场走一遭，钱都让市场赚走了。例如绿豆，生产农户出售给商人为3.8元一斤；而有需求的农户，到村里的粮油店购买，价格是5元一斤，相差1.2元。辅导员了解每家农户的生产和需求情况，帮助农户沟通交换信息。进行实物交换时，双方都是生产者，参照自己最近出售给商人的产品价格，折算双方交换的实物量。

蒲韩社区的村民生活服务内容不断扩大，其"农耕家园服务"由7个小组构成，分别是生态家园组、生活食宿组、节庆礼仪组、生态建筑组、戏曲传说组、社区村史谚语组，其宗旨是发掘、传承农村日常生活的文化因素。

（五）妇女参与村庄环境治理

2004年农家女机构谢丽华和她的团队来到寨子村考察，谢老师建议她们应该把村里的环境卫生整治一下，于是大家又热情的干起活来。

据现在专门负责蒲韩社区环境治理的妇女干事YZC回忆："当时我们寨子村十几条巷道没有一条好走的，外村都管这叫'猪圈巷'，我当时接儿媳妇的时候，儿媳妇都说我们这边太脏了，不下雨，经常都要穿雨鞋。"（个案6—YZC）

于是，在妇女骨干的带领下大家都开始行动起来，当时协会的妇女挨家挨户地去发倡议书，倡导大家义务去清理村里垃圾，全村有200多户人家，其中198户都参加了这次的义务劳动，大家齐心协力仅用了3天的时间就把全村的垃圾清理好了。LCR说："当时发倡议书的时候大家心里都没底，如果没有前期的跳舞和学习活动，真的不可能变化那么大。全村没花一分钱就把垃圾处理好了，我们用一张大红纸把所有参加义务劳动的人的名字都写在纸上贴在巷道的墙上，那时所有参加义务劳动的人很自豪。"（个案2—LCR）

寨子村是个老村，村子里的巷道路面凹凸不平，下水道污水不断，路不好走，给大家的生活带来了很多不便，于是，协会的妇女们又开始筹划修路。

在修路的过程中大家也遇到了困难，LCR 说："当时之所以只花 3 万多元，是因为我们挨家挨户动员，每家分片包干，修好了自己家门口的路，公共地方我们就义务投工，但还是有些人不愿意修路，剩下不愿意修路的那几户我们就帮他们修，后来那几户人家看到我们帮他们修，他们自己也觉得不好意思了，有的就加入进来一起修了。"（个案2—LCR）当时，几届村委会都没有解决的问题，被村民们自己组织起来解决了，巷子修好之后，加入协会的人越来越多，寨子村加入协会的户数由修巷子前的 105 户增加到 175 户，这个以妇女为主体的自组织的影响力越来越大。

修路之后为了继续保持清洁，协会还给每条巷道起了好听的名字，分别叫幸福巷、吉祥巷、如意巷等，每条巷道都建了垃圾箱，定时清运，理事会半个月检查一次，每个月要评比出管理最好的巷道。这样的环境治理方法逐渐地推广到协会所在的其他村子。2005 年生态家园理事会成立，沿袭了村建理事会的职能，继续整治村里的环境卫生。

五 组织化的妇女参与农村经济发展

（一）妇女团队激发经济参与的积极性

早在 2004 年巷道改造已经完成，蒲韩村民达到了空前的团结，大家都想一起再做些其他的事情，那时郑冰也常常组织大家学习中央关于农村的一号文件，一号文件号召民营企业向股份制转化，于是大家商量着想在村里办一个股份制企业。当时农村盖新房的多，大家都得到城里买涂料，协会里正好有人懂涂料加工技术，大家便决定建一个涂料加工厂。

2004 年 11 月，寨子村涂料厂建成投产，这是农民协会成立后办的第一个实业。建厂资金主要采取入股集资的办法，具体办法是每股 300 元，但对单户入股总量进行限制，每户最多只能入 3 股，防止出现大户控股。当时郑冰拒绝有人控股的要求,她说:"咱老百姓是给自己当老板,合作办厂的目的是大家共同富裕,如果有人控股,我们大家全都变成是给他打工的了,那也就失去了合作办厂的意义了。"(个案1—ZB)同时,为了体现社区的公益性,郑冰还决定从协会经费里拿出12股的资金,向村中的12户智障、残疾、特困户每户赠送一股,虽引起了很多争议,但最终还是被执行了。经大家讨论后的分红原则每股每年保底分红100元,然后根据涂料厂的盈利情况进行二次分红。最后,有82户村民参股成立了合作涂料厂,涂料厂又从这82户里选出了29名工人,还选出了自己的厂长和理事会。

涂料厂的经营范围包括:负责仿瓷、环保涂料、乳胶漆等产品的零售批发;承揽乡村的大小粉刮墙工程。涂料厂实行股份合作制下的厂长负责制,为了提高工人的技术和质量意识,提高涂料厂的竞争能力,2005年协会专门组织了9名年轻工人到北京学习刮墙技术。

那时,手工蒸馍坊的尝试过程与涂料厂类似,也是采用入股的方式。协会以本地产的优质小麦加工而成的面粉为原料,再采用以玉米面为原料的发酵粉发酵,用传统手工艺制作而成,生产绿色生态的手工馍。当时参加了手工蒸馍坊的妇女干事YZC说"当时村里搞手工蒸馍的时候,我们大家干得可有劲了,以前自己农闲的时候也没事做,后来参加手工蒸馍之后自己的生活也更加充实来了,那是用自己的双手创造财富呀!"(个案6—YZC)涂料厂和手工蒸馍坊的运营在当时为农村妇女就业提高了一个很好的平台,大家参与的积极性也特别高,协会也为手工蒸馍坊投入了大约5000元资金,添置了设备,租了厂房。当时手工馍深受市场欢迎,但是由于成本太高,除去电费、燃料费和人工费,基本上不挣钱,于是蒸馍作坊的工作计划改为把任务分派到各家,各家分别在自己家里做,做好后再由协会统一来收,以这样的方式进行生产以节约成本。

(二) 农业合作，探索新的经济参与机制

2005年，蒲韩社区开始谋划发展经济业务，协会组织了一些骨干先后考察了河南南街村和四川农科村的一个生态农业示范点。之后协会决定借鉴南街村的集体经济发展模式和四川生态农业的发展经验，在社区开展一个经济发展项目，即千亩生态园建设项目。

那时，寨子村的西边有一千多亩的责任田，那些责任田地块比较小，通常种些粮食，很少种经济作物，再加上有些地块水利设施陈旧，不能满足灌溉需要，作物产量也上不去，村民们普遍都承包黄河滩的地，那片地是村民的主要收入来源。因此妇女骨干们一起协商，计划把村西的责任田集中起来统一经营，建立生态农园，计划发展十大经济类水果项目：杏、桃、苹果、柿子、核桃、枣、梨、葡萄、樱桃等。

千亩生态园项目采取的是土地入股的方式，为了让村民们愿意把土地集中起来经营，协会采取了两种土地集中的方法：

一是农户以自己的承包地入股，每亩一股，由协会统一栽种果树，由于果树通常三年挂果，所以协会与农户签订协议约定三年内可以在土地的果树空隙之间种植粮棉类作物，农户根据自己的股份以及当年土地的实际收入获得收益，三年以后实行保底价，每年每股1000元，生态园的剩余利润实行按股分红。

二是根据农民意愿转包农民的土地，每亩每年固定由协会负责支付350元。生态园由协会懂技术的会员负责经营，在农忙时间协会可以组织闲散在家的村民在园子里工作。妇女骨干LCR说："当时大家的热情度都特别高，我印象中我们寨子村就只有几十户没有入股，因为那片土地把大家的经济利益都联系在一起了，大家都有土地入股，所以刚开始干起活来都特别起劲。"（个案2—LCR）

最后经过协会骨干们的动员，加入生态园的共有175户，一共集中了870亩土地。生态园2006年正式启动，分为3个小

组，分别采取两种模式管理：其中，两个小组采取集中管理，组织入股的农户参与劳动生产；另一个小组是建好后由原来的农户自己管理。协会成立了生态园管理委员会，负责生态园的日常经营。

千亩生态园运营了一年之后，由于管理经验不足，也暴露出了许多问题：

第一，土地集中起来管理难度太大，农户把土地入股后就等着分红，而不是真正地去打理土地的生产。分工不明，责任不清，用村民的话来说"放到一起不知道怎么干活了"，这样导致协会的农作物浇水和除草都不及时，结果协会的农作物还没有私人管理的好。妇女骨干 WSQ 回忆："那两年是协会走的最辛苦的两年，那时候郑老师让我在农资店工作，2007 年的时候协会都快没人了，千亩生态园刚开始启动的时候大家都很卖力，但是到后来大家的想法变了，觉得这土地是协会的不是自己的了，自己只是在这里工作，在工作中有人开始偷懒，很多工作本来是一天可以完成，但有时候几天都完成不了。所以一开始我们的土地不应该那样管理，当时土地可以归集体所有，但要让农户自己去经营和管理，协会采取一些激励的办法，对他们实行定期考核和评比，谁的庄稼种的最好，就有奖励。"（个案 7—WSQ）

第二，当年农户和协会签订的合同是三年见效益后分红，但是村民当年就想分红，再加上流动资金的限制，工资不能及时兑现，影响了部分参加劳动的村民的积极性。那时候新建的生态园要吸引消费群体以及得到产品市场的青睐还需要周期，短期内很难有收效，这一系列的矛盾和困难又引起了主要负责人之间的矛盾。渐渐地许多人开始对这种合作模式产生怀疑，最后不得不以失败而告终。

2007 年下半年，千亩生态园项目也难以继续维持了，协会骨干们经过反复讨论商议之后，最后决定将土地分回给个人，协会只负责技术和市场。

（三）新的认识：经济服务要与社会服务结合

2006年蒲韩社区的经济合作虽然风风火火地开展起来了，但是好景不长，2007年千亩生态园、涂料厂和手工蒸馍坊均以失败告终，整个蒲韩社区的发展进入了停滞期，一些妇女骨干纷纷离开了协会，蒲韩妇女参与的新农村建设进入了"低谷"期。

那时，涂料厂刚开始运营时，制造的第一批产品就出现了质量问题，质量不过关，那就得去学技术，于是，协会选派了几名技术员去北京接受培训，但是短期内仍然难以解决根本问题。涂料厂的生产毕竟是一个新的工业项目，对于村民来说无论是技术、市场，还是工厂管理都比较陌生。据RSL回忆："我爱人当时也在涂料厂，涂料厂主要的工作人员大部分是男性，当时男性和女性的管理理念也不太一样，有的男性觉得他自己懂技术，所以他认为该怎么干就得怎么干，大家都必须听他的，比较自我，但是郑老师的理念就是：我们必须把好质量关，我们不是要立马生产很多涂料，然后马上卖出去，赚很多钱，而是要有长远眼光，先把质量做好。当时很多人把注意力都过分投入到赚钱上面了。"（个案5—RSL）

涂料厂的失败也看出了蒲韩经济合作的弊端，盲目地追求经济效益而导致产品的质量和经营管理跟不上。在经营过程中种种问题都暴露出来：一是涂料厂的工作与农业生产有时有冲突，农民为了照顾农业生产经常请假回家，使得涂料厂的生产时断时续，影响了涂料厂的正常运作。二是涂料生产技术和施工质量不过关，影响了客户市场，涂料厂找不到正规厂家和商家，一直没有盈利。三是厂里的各项规章制度不完善，大家的经营理念都不一样，经常发生口角，导致团队干活不齐心。最后导致涂料厂不得不以关门告终。

手工蒸馍坊在经营不到一年的时间里也以失败告终。手工蒸馍虽然技术简单，但是销路并不好，再加上工厂化生产以后，人员劳动力成本开始显露出来，与不计劳动成本的家庭小作坊相比毫无优势可言，RSL说："那时手工蒸馍坊是我负责的，当时参加手工蒸馍坊的全是妇女，搞经济合作和组织妇女文化活动完全不一样，只要涉及一些利益问题大家就会发生口角，有些妇女在里面还比较喜欢挑事；再一个就是在生产过程中会导致人员的浪费，比如，我们四个人一天蒸100个馒头，要是两个人一天也能蒸100个馒头，那蒸同样多的馒头只需要两个人就够了，所以在蒸馍的过程中会导致人员浪费，到后来手工蒸馍坊的经济效益不好，员工的工资不够发；再加上大家在工作的过程中不顾及蒸馍的质量，太追求经济目标，后来郑老师要我们一定要保证馒头的质量，一个是馒头的口感要好，一个是馒头的样子要好。后来因为没有市场竞争的优势，很快手工蒸馍坊也停止生产了。"（个案5—RSL）手工蒸馍坊的失败与涂料厂相类似，有了经济合作之后，大家只盯住经济目标，比较看重产品的产出量而忽视了产品的质量，没有长远的眼光，从而产生了认知的偏差，当时很多人把自我价值的实现仅仅盯在了经济效益上面，凭着满腔的热情工作，对经济目标的期望值过高，他们没有意识到搞经济合作仅凭热情是不够的，若管理的理念和方法，以及财务、团队建设等各方面跟不上，对于已经发展起来的经济合作就犹如竹篮打水一场空。

2007年是蒲韩社区发展中走过的最艰难的一年，那一年郑冰和她的团队认真总结过去十年的经验和教训，她说："2007年在失败之后的半年农闲时间里我们都在讨论，到底该怎么办？我们总结了前十年的经验和教训，我们讨论究竟我们做的这些事情值不值得？该不该做？大家都觉得每一块都是应该做的，那首先最关键的问题是怎么做？我们总结重要的一点就是不能急，要慢慢地做，原来我们是想到哪就做到哪，没有计划，结果一做起来就很快，所以也容易失败；第二，我们要继续做好公共服务，公共服务可以帮助我们搞好团队建设，之前我们忽视了这一块，要把经济服务和公共服务一起做；第三，要挖掘和培养管理人才。"（个案1—ZB）就这样郑冰和她的团队开始重新整理蒲韩社区的人才队伍，制订了2008年之后的一个十年发展计划，有计划有目标了一切就可以重新开始了。

（四）手工艺学习小组成长为合作社

2001 年至 2003 年几个妇女骨干在组织妇女跳舞等活动中，发现村里有很多老人会剪纸、绣花等，于是 2003 年她们组织了一次老人剪纸比赛活动，参与比赛的有 13 位老人，这些老人大部分都是 70 岁以上。妇女骨干 NSQ 说："当时我想这些老人总会老去，百年以后这些手艺失传怎么办？由此引发了我们的思考。从那时起我们就开始想是不是可以把村里喜欢手工艺的妇女组织起来，把这些手艺传承下去。"（个案 4—NSQ）

之后，妇女骨干们便在平时的妇女活动中发掘一些会做手工艺活的人才，那时，她们挑选了 7 名心灵手巧的妇女成立了手工艺小组，农闲的时候就做针线活。一开始时她们学做的是布贴娃娃。

令她们感到意外惊喜的是，她们在做布贴娃娃的过程中，一个计生局的领导来考察，看到她们做的布娃娃还比较漂亮，于是就拿了两个去参与省里的手工艺比赛了，结果还拿了二等奖。这一次获奖对她们鼓舞很大，但同时她们也意识到做手工艺也要有自己的创意，于是她们就去了陕西西安、山东、四川等多个地方去学习，通过学习认识到了保护和传承当地文化的重要性，之后她们便确立了手工艺的宗旨：通过拜访老人，不断地发掘当地剪纸、绣花、织布和其他一些以手工艺技术为内涵的文化，通过手工艺培训等方式逐渐吸引更多妇女来参与，形成各个兴趣小组，以传承和发扬具有当地文化特色的民间手工艺。

2004 年 7 月红娘手工艺合作社正式成立，手工艺的团队由 7 人增加到 27 个人，开始跟着老人学纺线织布。就这样，在文化活动中，手工艺兴趣小组慢慢发展起来。到了冬季，手工艺接了第一笔订单，那是郑冰老师给她们接的一笔小订单，要制作 200 多个小包，手工艺小组接了这个订单之后就立马进入了工作的状态，把工作分配到人，裁剪、制作、熨烫、质检都各负其责。

NSQ 回忆："当时大家也是第一次接订单都特别用心，我们用几天的时间就做完了，之后我把大家做完的包拿给郑老师检查，结果只有几十个过关，我心里也挺不舒服的，回去之后跟团队的人说大家都不服气，家里人都劝我们能做就做，不能做就拉倒别做了，但我们自己暗自较劲，还是一起讨论如何修改，过了几天终于改好了，再拿给郑老师看的时候，说是可以了。从那时候起我们就都比较喜欢听批评不喜欢听表扬，这样我们才可以不断改进。"（个案4—NSQ）

第一次成功完成第一笔订单大家都很开心，这次成功也使得手工艺团队更加有信心了，并逐渐吸引了附近很多村庄的妇女加入进来。妇女骨干WSQ就是那时候通过手工艺加入到协会的。WSQ说："2002年的时候我参加过她们组织的跳舞活动，当时就很喜欢，后来2004年她们手工艺招人，我自己也很喜欢做手工艺活，所以就参加了。那时我负责的是裁剪工作。"（个案7—WSQ）到了2005年底的时候，手工艺逐渐形成了纺织组、织布组、缝纫组、绣花组等，共有200户协会社员入股，手工艺团队由27人逐渐增加到120人。手工艺团队通过兴趣爱好把农村妇女组织起来参与农村文化建设，这也就为农村妇女充分参与到新农村建设中提供了一个很好的平台，后来手工艺慢慢地做大，在稳步发展中也有了盈利。红娘手工艺作坊使得农村妇女可以通过自己的一技之长创造财富实现自我价值，充分参与到农村的经济文化建设之中。

红娘手工艺作坊也是汇聚农村妇女参与新农村建设的一个重要板块。2007年手工艺团队扩大到173人，织布组40人，缝纫和绣花组63人，纺线70人左右。2006—2008年这三年手工艺作坊接了很多订单，大量生产手工艺品，到2008年手工艺参与者继续扩大到200人，收入达到60万元以上，2008—2009年期间手工艺继续招收社区妇女参与手工艺品的生产。妇女干事JL就是在2008年的时候加入手工艺部门的，她说："我当时毕业之后就想回到自己的家乡来，我不太喜欢城市的生活，那时候手工艺招人，我自己也比较喜欢做手工艺活，所以我就加入她们的队伍了。"（个案 12—JL）妇女辅导员 RYL 也是在 2009 年的时候加入手工艺的，据她说："我是 2009 年夏天加入到手工艺的，我当时是在绣花组，那时自己在家里农闲的时候也没有事做，自己也喜欢绣花，所以就加入了。"（个案 13—RYL）

（五）社区小额信贷：农村妇女组织发现自己的优势

2006 年蒲韩开始与北京富平学校合作，富平投资 40 万元。2008 年 7 月，央行和银监会经过充分协商联合发布了《关于小额贷款公司试点的指导意见》，那时受政策鼓励，一大批小额贷款公司、村镇银行等新型农村金融机构陆续面世，民间资本正式加入小额贷款的行列中来。于是，2009 年北京富平学校在永济市蒲州镇设立富平小额贷款公司，办公地点设在寨子村，注册资金为 3000 万元，那时协会抽调了 12 位金融骨干（其中有 10 个为妇女，两个为男性）与富平小额贷款公司签约成为其员工，具体执行项目的成员全部为协会的成员，富平方只派驻了一名总经理。

妇女骨干 WSQ 回忆说："从 2006 年到 2008 年，富平与我们合作，以项目的形式运作小额贷款业务，我们则通过农资店向农民宣传实施。那时我开始接触了资金服务的工作。2009 年，富平与协会正式签订协议，成立小额贷款公司。协会将我和其他几个人调到那边。我开始很犹豫，觉得这是要搞真正的金融服务，我自己不懂，不敢过去。后来在郑老师的鼓励下，我还是去了"。（个案 7—WSQ）蒲韩社区的金融妇女骨干就是从那时候培养起来的。

2012 年，富平小额贷款公司与蒲韩社区双方合同期满之后，并未续约，因理念的不同，协会的金融骨干退出了富平，之后她们回到协会为社区村民做资金互助服务。

金融服务使蒲韩社区重新获得农民的信任。2007年3个经济项目的失败让很多村民对蒲韩的发展失去了信任，而做好农村金融服务，是重新获取信任的重要途径，也是重新将妇女组织起来的突破口。WSQ说："资金服务帮助农民的例子挺多，比如有一个被帮助的村民说过'我一辈子都不会忘记，你们的资金服务让我的人生有了转折点，让我还能抬起头'，后来每次我们去他家，甚至带前来蒲韩参观的人去他家，他都很热情。"（个案7—WSQ）

德国著名社会学家格奥尔格·齐美尔（Georg Simmel）在他的《货币哲学》中论述了信任问题，他认为社会交换的一个最重要的条件就是信任，"离开了人们之间的一般性信任，社会自身将变成一盘散沙"，并且"信任是在社会之内的最重要的综合力量之一"。

由此蒲韩社区的发展离不开与群众互动中的相互信任，做好了农村的金融服务，使得村民们对蒲韩社区的发展有了一个重新的认识，并建立起相互信任的关系，这就为推动蒲韩社区的发展奠定了群众基础。

妇女干事WSF谈到自己当时加入协会的理由："那时WBE（个案15—WBE）介绍我到协会参加培训学习的时候，她说她在做小额贷款，当时我就不相信，因为我们家当时买了一辆大巴车筹集的10万块钱全是问亲戚朋友借的，根本找不到地方贷款，她说她做这个专门给农民放款的，我就抱着怀疑的态度跟着她去做放款回访，真正体验到了资金互助对农民的帮助，后来我也就加入这个团队一直工作到现在。"（个案10—WSF）

蒲韩社区实行的资金互助服务让农民体验到了贷款的便利，他们逐渐地认识到蒲韩社区资金互助服务能为老百姓及时提供农村生产生活所需的信用借款，并重新对蒲韩给予肯定和认可，这就为妇女重新融入蒲韩社区新农村建设增强了信心。同时，在此过程中，蒲韩社区又培养出了一批出色的农村妇女信贷员，逐渐完善蒲韩社区新农村建设所需的人力资源队伍。

六 农村妇女人才成长

(一) 从优势视角理论看农村妇女人才

优势视角就是着眼于个人的优势,以利用和开发人的潜能为出发点,优势视角理论强调每个个人、团体、家庭和社区都有优势(财富、资源、智慧、知识等),"优势视角下的工作理念是采取能力建设模式,即希望充分挖掘当地现有的资源和村民的潜力,培育村民应对社会环境和自然环境急剧变迁的能力,为此培育本土的村民自组织。培育村民的创造力和维持代表他们组织的能力是能力建设模式的本质。"[①] 所以引导农村妇女参与新农村建设的过程中要充分发挥她们每个人优势和潜力,并积极地进行能力建设,让她们充分地参与到新农村建设的各项事业之中。

蒲韩社区通过组织社区活动和培训来不断地提高妇女的综合素质。从刚开始的妇女跳舞活动就培养了一批有能力的社区妇女骨干,那时在组织妇女跳舞的过程中郑冰就发现有几个妇女的组织能力比较强,于是便让她们做了小组长,去带动社区的妇女开展跳舞活动,如今这些妇女都已经是蒲韩社区的老骨干了(如个案2—LCR、个案3—LJR、个案4—NSQ);社区成立红娘手工艺作坊,培养对手工艺感兴趣并在这方面有一技之长的妇女,让她们传承和发扬本地的民间手工艺(如个案9—DLL、个案21—MZZ);对于有教师职业背景妇女,社区则培育她们做社区的儿童教育工作(如个案12—JL、个案10—WSF);对于沟通能力较强的妇女,社区则会培育她们做社区的资金互助服务(如个案7—WSQ、个案15—WBE、个案22—ZWN);对于在做有机农业方面有经验的妇女,社区则让她们负责做社区的有机农产品种植和农技推广服务

---

① 民政部社会工作司:《农村社会工作研究》,中国社会出版社2011年版,第166页。

（如：个案3—LJR）而管理能力比较强的妇女，经社区培养后也积极参政（如：个案2—LCR）；对于热爱劳动，做事有魄力的妇女，社区则让她们负责社区的环境治理工作（如：个案6—YZC）等。妇女干事ZWN："在参与社区建设和发展的过程中，我成长了，2012年我被选为人大代表的时候，我觉得自己很惭愧，因为那时的我各方面的素质都没现在这么好，现在的我变化很大，做了资金服务工作之后，我的沟通能力和组织能力提高了，我懂得考虑问题要站在别的角度思考，相互理解；学会了如何处理家庭矛盾，如何搞好家庭关系、邻里关系。我自己也更加乐观积极向上了。"（个案22—ZWN）蒲韩社区通过做个案工作积极挖掘妇女的优势和潜力，加强妇女自身能力建设，从而提高妇女的综合素质，培养与社会主义新农村建设目标相一致的新型女农民，让她们积极地融入社区的新农村建设之中。

（二）妇女主体意识缺失和主体意识新觉醒

我国几千年的小农生产方式无疑是中国传统文化的物质基础，"男耕女织"是小农生产中最基本的男女分工。从造字法的角度来理解这种分工，男者，田力也，即在农田耕作的主力；妇（婦）者，女字旁加以帚字，即在家操持家务，是这种"男主外、女主内"分工模式的最好诠释。

这样的社会性别分工下，女性承担着生育后代、抚育儿女、照顾老人的任务，这就使得农村妇女把大量的时间和精力都放在料理家庭事务上，对于参与新农村建设望而却步，在担任新农村建设者角色时缺乏自信心。"以前在我们村，家里基本都是男的说了算，我们根本没想过妇女还能发挥这么大的作用，我们一开始跳舞的时候还有人说我们是女流氓！"（个案2—LCR）"男主女从""男强女弱"和"女子无才便是德"等思想观念渗透到人们的生活习惯和言行举止中，这就打击了妇女参与新农村建设的积极性，影响着她们对社会事务的参与和管理。封建传统的社会性别观念在农村的长期存在禁锢了农村妇女的个性意识，降低了妇女对于改变自身状况的主观诉求，束缚了她们改变自己弱势地位，实现自我、成就自我的内在动力，阻碍了新农村建设中农村妇女主体作用的发挥。

主体意识是妇女实现自身解放和发展的必要条件，也是妇女在新农村建设中发挥主体作用所必须具备的基本素质。在农村长期沿袭的"男强女弱"的传统思想把农村妇女禁锢在从属地位上，使得她们甘愿扮演"女主内"的角色，这种思想大大限制了她们思维和行动的空间。由于长期受"男尊女卑""男主女从"等思想的熏陶，农村妇女习惯于从男性的角度来审视自身的形象，对男性形成了依附心理，不注重自身所特有的独立人格和存在价值，不注重自身资源和潜能的开发，故步自封、不问世事，逐渐地丧失了作为女性独立的主体意识。采访中笔者发现，蒲韩社区的工作人员在加入农村协会之后对于妇女参与社区新农村建设的态度发生了很大的转变，主体意识逐渐增强，辅导员 ZW 说："在没来这工作之前，我在家就喜欢打麻将，看电视，我们家的地不多，农忙的时候去帮帮忙就行。但是在这工作之后我才发现原来农村有那么多的事可以让我们妇女来做，以前我没有这种意识，也不知道自己会有这么大的潜能。"（个案 23—ZW）因此要让农村妇女积极参与新农村建设就必须实现农村妇女主体意识的觉醒。

蒲韩妇女能充分地参与到新农村建设之中得益于在各种文化领域的合作中实现了妇女主体意识的觉醒。妇女封建传统思想观念的转变以及个人综合素质的提高，使得蒲韩妇女对农村建设和发展的认知、态度发生了积极的改变，而人的社会认知和态度又会影响人的行为，因此，妇女主体意识的觉醒为充分调动起参与新农村建设的积极性和主动性奠定了基础。

纵观蒲韩妇女参与新农村建设的实践历程可以发现，她们首先是通过文化领域的合作去转变农村妇女封建落后的思想观念和提高妇女的综合素质的。从 2001 年开始，蒲韩妇女开展了轰轰烈烈的妇女跳舞活动，从一开始仅有几个人参加的活动，到后来发展成为遍及 35 个村上千名妇女一起参加的活动。在此过程中，她们舞出了自信，活出了风采，她们封建传统的思想观念逐渐得到改变，其主体意识也开始发生转变。从最早一批参与妇女文化活动的骨干中我们就能看到这些改变，如妇女骨干 LCR 说："1998 年我就参加了郑老师组织的农业技术培训，我平时就比较爱看书，不爱打麻将，也不爱与别人闲聊，当是其实挺内向的，不爱多说话，闲暇时间我就自己唱唱歌，跳跳舞，我喜欢接受新事物，做事也比较认真负责，农业技术培训对我的影响挺大的，所以后来的妇女跳舞和学习活动我都很积极地参加，越跳越自信，越学越有劲，后来成立协会之后，我就负责妇女活动那板块，深刻意识到咱们妇女也是可以充分发挥自己的潜力建设我们自己的家乡。"（个案 2—LCR）

之后她们共同组建妇女学习小组，学习科技文化知识，相互学习、相互进步，展示农村妇女文化生活风貌；共同组建村建理事会，清理村里垃圾，修建乡村巷道，展现农村妇女团结互助的传统美德；共同成立红娘手工艺作坊，呈现农村妇女心灵手巧的艺术才华；她们顺应时代的步伐，不断地改变着农村的村容风貌，推动着农村各项事业的发展。妇女骨干 WSQ 分享了自己参与蒲韩社区新农村建设的经历："我认识郑老师之前养了十二年鱼，当时就比较细心好学，只要村里举办养鱼的技术培训，我都愿意参加。之前我还做过缝纫活儿，为街坊邻居提供缝补锁边的服务。因为技术好，也曾带过培训班教别人缝纫。其实我自己也是很上进的人，也想做些事情，并不想像一般的妇女那样，每天在家做做家务打打牌就算了，农资店组织的农业技术培训我都积极地参加了。加入协会之后我又去农资店工作了几年，之后又做了社区的资金互助服务，我觉得我们农村妇女也是有才能的，要相信自己，大家可以一起为一个目标做事，让每个人的潜能在这个过程中释放出来。"（个案 7—WSQ）在此过程中，我们可以看到妇女逐渐摆脱"女子无才便是德""男主女从"等思想的束缚，正确看待自身的价值和发展，逐渐地在合作中实现了妇女主体意识的觉醒。

从访谈中笔者发现，在文化活动中参与度越高的妇女其女性的主体意识越强，她们更懂得自尊、自信、自立、自强，她们愿意接受新事物，愿意学习，重视自身价值，注重自身思想道德素质和科学文化素质的提升，她们参与新农村建设的态度也更加积极。这样的女性在时代背景的影响下、在社会发展的推动下往往能够成为推动"女性发展与社会参与"的领军人，郑冰和她带领的妇女骨干就是这样一群可爱的女性，她们则成为了农村巾帼队伍里的传奇。

农村妇女增强了主体意识，这深深影响着她们的行为，她开始关注周边的事情，关注社区的发展，发起、参与多项社区公益事业，成为农村社区建设的有力的行动者。蒲韩妇女积极参与社区新农村建设的实践路径表现为：从改变认知到改变行为。首先通过组织妇女文化活动实现农村妇女主体意识的觉醒；而后通过成立以妇女为主体的农民自组织从广度上动员更多妇女参与其中，从深度上让她们能参与到新农村建设的各个环节之中。

（三）合作组织成为培育妇女人才的平台

蒲韩社区的发展依托于蒲韩农民协会这个农民自组织的成长与发展，蒲韩农民协会经历了十几年的风风雨雨之后培养了一批又一批具有"自尊、自信、自立、自强"的农村优秀妇女人才。《中国妇女报》原副总编谢丽华曾说过："农村妇女就像一座没有开采过的矿山，蕴藏着无限的潜能，我们的任务和目标就是将这些深埋的宝藏开采出来，让社会看到她们风采，听到她们的声音，知道她们的价值所在。"

中国的农村并不缺少人才，而是缺少平台，缺少一个平台让农村妇女可以施展自己的才华，发挥自己的潜力，积极主动地参与新农村建设。蒲韩社区的农民自组织正是在建设社会主义新农村的时代背景下，为蒲韩妇女提供了一个能实现其自身的解放和发展的平台，让她们能冲破传统落后观念的束缚，树立自尊、自信、自立、自强的精神和创新意识，激发她们对农村生产生活的热情，使她们能够积极主动地参与新农村建设，并在此过程中实现妇女自身素质的提高和自我意识的觉醒。

蒲韩农协自组织的建立让越来越多的妇女都参与到社区的新农村建设之中，达到了一个"量变"的飞跃，那么如何让蒲韩的妇女在参与新农村建设的过程中实现"量变"到"质变"的飞跃呢？蒲韩农协也有自己的一套方法，最主要的方式则是通过社区教育不断提高农村妇女的综合素质，从而达到新农村建设对妇女提出的具体要求，让妇女成为新农村经济发展的推动者、民主政治的建设者、文明形象的塑造者、和谐稳定的营造者，从而实现妇女在参与新农村建设的过程中由"量变"到"质变"的飞跃。

蒲韩的农民自组织通过社区教育的方式让妇女的思想得到解放，让她们的综合素质得到提高，让她们对生活充满热情，让她们对农村事业的发展充满激情。比如，组织妇女跳舞活动，让农村妇女在跳舞的过程中找到自信；组织妇女学习活动，让妇女们在学习中增长知识；召集妇女做手工艺活，培养妇女的兴趣爱好，传承和保护当地的非物质文化遗产；组织妇女参与辩论赛、演讲、演小品等方式传达家庭和睦、尊老爱幼的优良传统美德；组织妇女走乡串户做入户访谈了解农民需求，提高妇女自身沟通组织能力；组织妇女进行生命历程故事分享以及团队建设活动，让妇女与妇女之间相互了解、相互尊重、相互学习。

妇女骨干 LCR 感慨："我非常感谢协会带给我的成长，我从 1998 年到 2012 年都在协会工作，在协会的培养下，我的组织能力、沟通能力、学习能力等都得到了提高，同时我也懂得了人与人之间相处应该学会相互理解、相互包容，要搞好家庭关系、邻里关系。而如今我当选为寨子村的村妇女主任，也正是因为在协会期间锻炼了自己各方面的能力，才得到了大家的信任。"（个案 2—LCR）

总而言之，蒲韩的农村自组织在推动农村妇女参与新农村建设的过程中发挥了重要的作用，它为农村妇女的发展以及参与社会搭建平台，从而使越来越多的农村妇女能够获得思想上的解放，并提高她们自身的思想道德素质和科技文化素质，热心农村事业的发展，积极地融入"生产发展、生活宽裕、乡风文明、村容整洁、管理民主"的社会主义新农村建设之中，实现农村妇女在新农村建设中从"量变"到"质变"的飞跃。

蒲韩社区的今昔对比就是一个很好的例证，妇女骨干LJR说"1989年我嫁到寨子村，当时寨子村村风特别不好。寨子村的一个熟人曾跟我哥说，那里婆媳关系普遍不好，媳妇骂婆婆属于正常现象。那时的寨子村没有西厢地多，经济发展也不好，只有一个火车道，连像样的路也没有。西厢有个人甚至跟她妹妹说，如果你要嫁到寨子村，咱们就再也不来往了。"（个案3—LJR）而如今的蒲韩社区在蒲韩农民协会的带领下，把农村妇女有效的组织起来了，探索出了一条"共同致富、集体发声"的综合发展之路。妇女们积极主动地发挥自己的潜力投身于蒲韩社区的农村发展和建设中。

（四）重视培养青年女性人才

2008年之后，协会根据蒲韩社区发展的需要不定期的招收新人加入新农村建设的队伍中。郑冰和她的团队在总结1998—2007年的经验和教训的过程中发现蒲韩的发展离不开年轻人的参与，2008年之后蒲韩引进了一批年轻妇女加入蒲韩的农村建设队伍中，主要的途径方法是通过手工艺招新人和建立青年农场会聚年轻人一起经营土地，另外公共服务板块不断完善吸纳新人的加入和骨干的回归。

从提供农技知识培训到正式成立农民协会，蒲韩妇女对蒲韩社区的新农村建设作出了很大的贡献，结合前十年的工作回顾和反思，郑冰认为："农村的发展根本不是三两年的事，需要从长计议，不要过分追求速度，对未来的发展要做一个明确的规划，以前最大的问题就是无论做哪一块，只要自己去做，便都能做起来，但只要自己不做了，就不行了，这使得自己感觉到很累。一旦哪里出问题，哪一块出乱子，大家都会来找我。我想自己办学校,培训农民,培养骨干,促进农民团队成长起来,而且农村的很多事情也需要年轻人来做,所以我们要重新整理我们的团队,让更多的年轻人加入进来,挖掘和培养更多的人才参与到农村建设之中。"

2007下半年,蒲韩社区开始筹划成立青年农场,当时由协会派了几个年轻人在河北参加为期7天的晏阳初乡村建设学员的培训,主要是有关有机种植方面的,这些年轻人回来后共承包了23亩地,一部分用来尝试种植有机农产品,被称作"青年有机农场"。那时郑冰鼓励和动员协会妇女骨干的子女回到社区工作,青年农场的成立,为返乡青年就业搭建了平台。

青年农场的技术是通过工作人员接受各种技术培训,又结合蒲韩社区的实际情况以及一些本地的"土方法"之后,在实践中逐渐摸索出来的。在实验有机种植一年后,承包地扩展到47亩。但是那时候的青年农场还处于有机种植的摸索阶段,收成也并不是很好。2010年,经过青年农场的小范围实验,棉花的有机技术开始成熟,其中生产的有机棉得到香港迈思公司的认可,为社区经济创造了较大收益,在这之后开始做其他品种的有机种植。

在实验有机种植的过程中,青年农场也开始充当教育年轻工作人员的实践场所,目的是让协会的年轻工作人员能够积累一定的田间生产经验,熟悉农民的工作,在此基础上协会还要求年轻人每人负责一个村的环境治理,这种通过组织乡村青年共同参与有机生产的方式,激发了一些年轻人农业生产的潜能,对培养农业的创业型人才也有很大的帮助。LJR的女儿HJ就在上大专毕业之后就到协会工作,参与到蒲韩的新农村建设之中。HJ说:"刚开始我进入协会的时候就是去做有机农业的土壤转化工作,那个时候协会还要我们每个人负责一个村的环境治理,我本来就是一个性格很内向的女孩子,这些工作对我来说挑战都很大。"(个案11—HJ)自从协会招了新的年轻人之后郑冰很注意培养年轻人的综合素质,为此她也是费尽心血,搞了一些农业技术培训、团队建设、爬山、踏青等活动。

(五) 农村社会网络的支持作用

为了让广大的农村妇女都能参与到社区的新农村建设之中，蒲韩农民自组织通过农村所具有地缘、血缘关系建立了"熟人社会"关系网络。费孝通先生曾指出中国传统社会结构实质是一种差序格局的结构，"在差序格局中，社会关系是逐渐从一个一个人推出去，是私人联系的增加，社会范围是一根根私人联系所构成的网络"。① 郑冰和她的团队骨干一开始在组织妇女跳舞的过程中就是运用了这种差序格局的社会关系网络，郑冰回忆："那时候我先从我们寨子村找人一起跳，我把我们家附近的妇女都叫过来跳舞，当时是有的人愿意，有的人不愿意。之后又让愿意过来跳舞的妇女去动员自己在本村熟悉的人，这样之后跳舞的人就越来越多了。再后来别的村都羡慕我们寨子村的妇女会跳舞，我们就又选出了几名小组长，一起去别的村动员妇女跳舞，先让小组长们动员自己在别的村的亲朋好友进来，之后再让小组长的亲朋好友去动员她们的亲朋好友，就这样后来跳舞的人越来越多，遍及了包括寨子村在内的周围 35 个村的妇女一起跳舞。"（个案 1—ZB）

蒲韩农民协会成立之后，这个农民自组织的力量就越来越强大，协会在各个部门招人的时候，都是运用了农村这种以地缘、血缘关系为纽带的"熟人社会"关系网络。妇女骨干 WAQ 是 2006 年加入蒲韩协会的，她说道："2006 年，我有个亲戚在协会设在陈村的农资店帮忙时，告诉我协会有个手工艺合作社，想找会裁剪缝纫的妇女做活儿。我于是过去看了看，当时还在那里做了一个包。刚好我爱人那时没做村干部了，能帮上家里的活儿，我有空闲，也真的爱好这个，就领了制作 50 个包的任务回家。"（个案 18—WAQ）妇女辅导员 GJ 是今年刚加入协会的，主要负责社区居民的九项业务服务，

---

① 费孝通：《乡土中国》，北京出版社 2005 年版，第 40 页。

她说:"我阿姨(妇女干事 ZRH)在这边工作,她一直说这边可好了,我也就过来看看,一开始时是作为志愿者参加了她们的儿童夏令营活动,之后又参加了她们的年会,她们那种积极向上的精神以及对生活的热情深深触动了我,之后我也就加入进来了"。(个案19—GJ)

蒲韩的农民自组织就是通过农村这样的差序结构的社会关系网络不断地让妇女与妇女之间相互影响,相互传播与交流,从而使越来越多地妇女参与到社区的新农村建设之中。然而在这里需要说明的是并不是说没有参加协会的妇女就没有参加社区的新农村建设,而是参加了协会的妇女在参与新农村建设的深度与广度上都要远远大于未参与协会的妇女,参与度越高,其积极性和主动性也越高。

(六)政府和社会各界助推农村妇女人才成长

蒲韩的妇女在参与新农村建设过程中所表现出的积极性和主动性也离不开社会支持的帮助。从一开始的农业技术培训至今,蒲韩社区的发展得到了包括政府在内的社会各界的关注、支持与帮助。

1998年的第一次农技知识培训郑冰请了两位老师教授妇女们农业技术的知识,之后根据大家的需求,郑冰把农业技术培训一直坚持做了下来,直到今天协会的农民技术培训学校都会定期或不定期地请专家给村民或是协会的工作人员做培训。农业技术陪训为农村妇女参与新农村建设提供了智力支持。

随后,蒲韩社区的妇女跳舞活动又得到了市妇联和市文化局的大力支持,不仅给予她们精神上的鼓励与支持而且还给她们提供技术上的支持,市妇联还专门给她们请了舞蹈老师教她们跳舞。市妇联、市文化局、市政府等对蒲韩妇女的表现给予了肯定,并对她们提供了帮助与支持,使得她们在新农村建设的过程中更加充满自信,更加坚定决心。Cohen 和 Wills(1985)根据社会支持所提供资源的不同性质将社会支持分为四类,其中之一就是"尊重的支持",强调个体被他人尊重和接纳,又称作情感性支持。就像郑冰说的"人的内心深处都是需要被尊重的",当这种"情感性支持"被满足之后,就会让人越发的充满动力和干劲。

在市妇联的推荐下,2003年11月郑冰获得了一次对外学习与交流的好机会,她参加了北京农家女机构举办的研修班,在研修班学习之后,郑冰感触颇深,回到蒲韩之后,她把自己学到的一些新的理念和知识传递给了蒲韩的妇女,从此蒲韩妇女与北京农家女机构结下了不解之缘。此后,农家女机构的老师会不定期来到蒲韩社区为蒲韩妇女做知识讲座和授课,蒲韩妇女也以《农家女》杂志作为学习知识的教材,不断地学习新的知识、新的理念,跟上时代的步伐,发挥自己的潜力。妇女骨干YAQ说:"2008年我来到协会的时候,担任的是妇女组织工作,我们组织妇女一起学习《农家女》杂志,为每个妇女小组订阅一年的杂志。识字的一人一套,不识字的编在一个组,配上一个识字的给她们讲。每周学习时,每人念一段,讲里边的一个故事。"(个案14—YAQ)

妇女骨干LJR也回忆说:"那时农家女机构请冰心的女儿吴青教授到我们这做了一个关于农村妇女怎样参政议政的知识讲座,我们当时就感到很震撼,因为在我们这边一般都是男的说的算,像我们妇女很少有参政议政的意识,听了讲座之后我们都觉得很受益,我们还开展了'假如我是市长'、'我能行'等主题的讨论。"(个案3—LJR)北京农家女机构的介入,为蒲韩妇女参与新农村建设注入新的活力,开阔了她们的视野,使她们的思想逐渐从"封闭""僵化"的状态中解放出来。在此之后,郑冰与她的团队也会不定期的去外地考察、学习和交流,同时也有很多专家学者、社会组织等开始注意到这个有生命力的社区和这群可爱的巾帼团队,纷纷前来考察和交流,有的还与蒲韩社区有长期的交流与合作,社会支持网络的建构为蒲韩妇女能够更好地参与蒲韩社区的新农村建设开启了智慧之门。

2006年,蒲韩开始与北京富平学校合作,并在蒲韩创办了永济市富平农村发展社区学校,运作经费主要来源于北京富平学校。建校的主要目的是培养有文化、懂技术、会管理、热爱和关心所生活的社区的新型农民;培养农民对农村社区的认同感、归属感和自豪感,培养村民合作精神,促进农村社区的可持续发展。富平农村发展社区学校的建立,为蒲韩妇女充分参与新农村建设提供了精神上和智力上的支持。

2007—2008 年,蒲韩和北京富平学校合作了小额贷款项目,2009 年富平注册了小额贷款公司,蒲韩协会抽调了 10 位金融妇女骨干,与富平小额贷款公司签约成为其员工,2012 年合同期满之后因富平与协会发展的理念不同,协会的金融骨干退出了富平,之后她们回到协会为社区村民做资金互助服务。富平公司的介入锻炼出一批杰出的农村妇女信贷员。

2009 年之后蒲韩社区开始探索做有机农业,其生产的有机棉花得到了香港迈思国际有限公司的认可,基于对有机农业的共同理想,迈思公司入驻蒲韩社区,与蒲韩协会合作开发有机农业新品种。香港迈思公司的介入,让蒲韩妇女更加坚定地做有机农产品的生产,并得到了农业技术方面的有力支持。

自 2005 年开始,蒲韩社区得到了中国社科院社会政策研究中心的支持,2010 年以后,中国社科院社会政策研究中心几位学者又成立了北京农禾之家咨询中心,继续关注和支持蒲韩社区。2012 年,经由北京农禾之家咨询中心介绍和引进,和香港施永青基金和北京永青农村发展基金会给予蒲韩社区很大的关注与支持。2011 年北京农禾之家咨询服务中心与蒲韩社区共同努力探索开创有特色的乡村社区工作者培训模式,建立禾力计划蒲韩社区实践基地,培养全国的农村本土人才,为农村妇女参与新农村建设提供智力支持。

可以说,蒲韩妇女在参与新农村建设的过程中一直受到社会各界的关注和支持,不断获取各种外部资源。这给蒲韩妇女带来了新的视野、新的观念和新的实践,帮助她们不断认清前行的方向,在可持续生态农业和新农村建设中增进能力和实力，不断成长。

七 结论及对策建议

农村妇女是农村发展的生力军，要充分调动她们的积极性和发挥她们的潜能，就必须突破限制她们的主观因素，唤醒农村妇女的发展意识、主体意识，激发她们社会参与激情和热情，培养她们的自尊、自信、自立、自强精神，挖掘她们自身发展和社会参与的内在动力，从而让她们能充分地融入社会主义新农村建设之中。要实现这个目标，上述关于蒲韩社区的经验分析表明，应当从以下几个方面着手：

（一）转变传统性别文化观念，实现妇女主体意识觉醒

在中国，传统性别文化的形成不是一蹴而就的，文化是长期积淀而成的，因此要转变观念，树立新的文化习俗，是一项复杂而艰巨的工程，不仅需要妇女们的自我提升，更需要妇女群体的合力。

社会性别理论认为"社会性别是由社会文化塑造而成的，通过社会化而形成的性别差异"[①]，这些差异通过社会实践的作用发展而成为一种文化构成物，具体表现为男性与女性的不同气质。传统的"男主外、女主内"的思想观念和性别分工模式，赋予了女性"贤妻良母""相夫教子"的女性特质，受这样性别文化的影响，大部分农村妇女都有出嫁从夫，依附男性的思想，这种思想观念导致农村女性丧失群体主体意识，阻碍了新农村建设中妇女主体作用的发挥。而"女性主体意识是指女性作为主体在客观世界中的地位、作用和价值的自觉意识，它是激发妇女追求独立、自主，发挥主动性、创造性的内在动机。"因此，要让妇女积极地参与新

---

① 于振勇：《社会性别理论在研究农村社会发展中的价值》，《甘肃农业》2008年第6期，第46页。

农村建设就必须转变这种传统社会性别文化，实现妇女主体意识的觉醒。

转变传统性别文化观念，实现妇女主体意识的觉醒必须摆脱"男主女从"和"男强女弱"思想的束缚，这就对妇女自身提出了新的要求，需要妇女积极主动地去参与和改变，并正确看待自身的价值和发展，参与农村的社会经济建设，在劳动中获得尊重，在劳动中实现解放。

（二）提高妇女自身综合素质，培育新型女农民

农村妇女是社会主义新农村建设的主体，妇女整体素质的高低，直接决定着社会主义新农村建设的速度和质量。因此，对妇女自身来说，需要鼓励妇女去学习文化知识、科技知识和管理知识，全面提高妇女的科学文化素质，增强她们参与社会实践的能力，让她们在实践中不断锻炼自己、完善自己、提高自己。

按照社会主义新农村建设和现代农业发展的要求，针对妇女参与新农村建设存在的障碍因素，积极开展妇女的技能培训，激发妇女的潜能，使妇女掌握先进的农业生产技术，增强她们建设社会主义新农村的本领，成为有文化、懂技术、会经营的社会主义新型女农民。

（三）加强社区妇女多领域合作，调动妇女主体能动性

从蒲韩妇女参与新农村建设的实践历程来看，她们一开始采取的调动妇女主体能动性的方法是通过文化领域的合作实现的，通过组织妇女跳舞和学习充分的调动妇女参与积极性，从参与社区的文化建设开始逐步地参与到社区的经济、社会、政治建设中。根据马斯洛的需求层次理论（Maslow's hierarchy of needs），人都有生理需求、安全需求、归属与爱的需求、尊重需求和自我实现需求，蒲韩社区的文化领域合作正是满足了妇女的不同需求从而能充分调动妇女主体能动性，妇女干事 WAQ 说："我一直喜欢跳舞，但是不会，见到寨子村妇女活动很热闹，就参加进来。后来，又在社区跟志愿者学了广播操，自己还在电脑上学跳舞，学会了再去教别人。"（个案18—WAQ）文化领域合作的成功，为后来她们参与新农村建设的各项事业打下了基础。因此，在多领域合作中要充分考虑妇女的不同需求，充分调动妇女主体能动性，使广大妇女都参与到社会主义新农村建设之中。

（四）发现和培养农村妇女带头人

蒲韩妇女在参与社区新农村建设的过程中，培养了一批出色的农村妇女骨干，她们思想解放、观念更新、懂经营、会管理，她们在实践中开阔了视野，拓展了知识面，思想意识发生了变化，在她们的示范带动下，更多的妇女都积极地参与到社会主义新农村建设之中，她们在社会主义新农村建设中发挥了重要的作用，成为带动农村妇女的一面旗帜。因此，在发动农村妇女参与新农村建设的过程中也要注意培养农村妇女带头人。

（五）构建农村社区社会支持网络

蒲韩妇女在参与社区新农村建设的过程中，得到了政府和很多非营利组织的帮助，因此，在促进农村妇女参与新农村建设的过程中要重视为社区构建新农村建设的社会支持网络。

建立先进的性别文化，消除社会性别差异，转变男女不平等的社会舆论导向是一个长期的、曲折的过程，同时也是农村妇女摆脱男权束缚、完善自我、实现女性发展与社会参与的必经之路，因此，政府应积极倡导男女平等的社会舆论，为农村妇女参与新农村建设提供支持。另外，综合性农民自组织在促进农村妇女参与新农村建设的过程中发挥了重要作用，农民的组织化往往被看作对政府和市场的有效补充，因此，政府有必要对发展中的农民自组织进行积极引导和有力推动。

在我国，非营利组织在推动农村经济社会事业的发展方面起到了非常重要的作用。在蒲韩社区农村妇女参与新农村建设的过程中也得到了很多非营利组织的扶持与推动,比如,永济市妇联作为具有官方背景的非营利组织,曾邀请舞蹈老师对蒲韩妇女进行文艺培训,此后,市妇联还经常在一些项目上为她们提供资金扶持。在市妇联的支持下,蒲韩社区妇女免费到省妇联进行培训。另外,北京农家女学校也为蒲韩妇女参与新农村建设提供了智力支持,通过培训,社区的妇女骨干拓宽了知识面,增强了素质,提升了参政议政的意识。此后,北京农禾之家咨询中心与香港施永青基金会也为蒲韩妇女在能力建设和社区发展方面提供了智力和资金支持。可以看出,非营利组织在推动农村妇女参与新农村建设的过程中也发挥了重要作用。

(六)发展综合性农民合作组织,为农村妇女人才提供适当的组织载体

蒲韩社区的新农村建设离不开蒲韩农民自组织的推动,蒲韩农民自组织把分散的妇女有效地组织起来形成了一股合力,共同致力于蒲韩社区的新农村建设。综合性农民自组织在促进农村妇女参与新农村建设的过程中起到了两方面的作用:

一是可以会聚广大妇女参与其中。通过农村所具有地缘、血缘关系建立了"熟人社会"关系网络,让妇女与妇女之间相互影响,相互传播与交流,从而使越来越多地妇女参与到社区的新农村建设之中。

二是可以让广大妇女充分地参与到新农村建设的各项事业中。组织可以为妇女提供一个能实现其自身的解放和发展的平台,通过社区教育的方式让妇女的思想得到解放,让她们能冲破传统落后观念的束缚,树立自尊、自信、自立、自强的精神和创新意识,让她们的综合素质得到提高,让她们对生活充满热情,让她们对农村事业的发展充满激情,使她们能够积极主动地参与新农村建设,并在此过程中实现妇女自身素质的提高和自我意识的觉醒。

因此，发动广大农村妇女参与新农村建设，就要重视综合性农民自组织的作用，为她们提供有效的组织平台。

附录：被访者信息汇总

被访者	年龄（岁）	在农民协会担任的职位	加入农民协会的时间（年份）
（个案 1—ZB）	45	总干事（妇女带头人）	1997
（个案 2—LCR）	44	妇女骨干（寨子村妇女主任）	1997
（个案 3—LJR）	45	妇女骨干	2001
（个案 4—NSQ）	52	妇女骨干	1998
（个案 5—RSL）	51	妇女骨干	1998
（个案 6—YZC）	56	妇女干事	2006
（个案 7—WSQ）	50	妇女骨干	2004
（个案 8—SQQ）	35	妇女干事	2004
（个案 9—DLL）	32	妇女干事	2004
（个案 10—WSF）	31	妇女干事（人大代表）	2008
（个案 11—HJ）	24	妇女干事	2011
（个案 12—JL）	29	妇女干事	2008
（个案 13—RYL）	39	妇女辅导员	2009
（个案 14—YAQ）	51	妇女骨干	2008
（个案 15—WBE）	48	妇女骨干	2006
（个案 16—JXY）	44	社区村民（妇女）	未加入
（个案 17—ZXF）	45	社区村民（妇女）	未加入
（个案 18—WAQ）	46	妇女骨干	2006
（个案 19—GJ）	23	妇女辅导员	2014

续表

被访者	年龄（岁）	在农民协会担任的职位	加入农民协会的时间（年份）
（个案20—ZRH）	34	妇女干事	2008
（个案21—MZZ）	40	妇女辅导员	2007
（个案22—ZWN）	37	妇女辅导员（人大代表）	2012
（个案23—ZW）	22	妇女辅导员	2014
（个案24—LXJ）	27	妇女干事	2011
（个案25—RXQ）	35	妇女辅导员	2012
（个案26—LL）	29	妇女辅导员	2014
（个案27—FSP）	53	社区村民（妇女）	未加入
（个案28—YSF）	45	社区村民（妇女）	未加入
（个案29—CDQ）	35	社区村民（妇女）	未加入
（个案30—HBP）	36	妇女干事	2012

后 记

"建设组织化的小农可持续农业发展模式"这个课题是由北京农禾之家咨询服务中心研究组的几位成员在 2015 年完成的，还在当年 11 月举办的同名国际研讨会上做了正式结题。

北京农禾之家咨询服务中心是在北京市民政局正式登记注册的公益组织，主要方向是通过倡导走综合性农民合作组织的道路推动农民共富、城乡共荣。这个中心既为几百家农民合作组织提供各类社会服务，又兼具民间学术研究。研究团队云集了约 30 位各学科的学者志愿者，参与中国农民合作的理论研究、社会调查、政策建言等方面的工作，并且亲力亲为地帮助和辅佐农民合作组织的建设。中心还设有一个自办的内刊——《综合农协》，代表着中心的导向。

"建设组织化的小农可持续农业发展模式"课题报告完成两年了，作为主报告撰写者，笔者迄今仍然认为其对于中国的"三农"问题提出了不完全同于主流的系统性的思路，这些思路对于当下的政策讨论起码具有启发和参考的价值，这是本书出版的理由。

基于中国的人地比例、农业土地的状况；从粮食的实质安全、食品安全、环境保护、生态可持续、农村繁荣和谐的目标；乃至考虑人民币国际地位的博弈以及全球资源与市场规模对中国工业化的限制条件这两个问题，笔者主张的中国农业模式就是组织化的小农可持续模式。组织化不是农业的集体生产，不是《农民专业合作社法》模式，而是"综合农协"模式；小农则是拒绝新世界（美国、加拿大、澳大利亚、巴西、阿根廷）的规模农场作为发展目标，以实现精耕细作、生态循环的生产方式和满足农户家庭生计为限；可持续农业大抵是运用现代技术，继承中国传统的生态循环农业，尽量少依赖化石能源，几乎不使用化学农药、除草剂、杀虫剂。此种农业模式，站在全球视角，是具有全球普适性的，而美国农业具有不可推广的特殊性。笔者看来，农业尤其是中国农业不是普通产业，而是特殊的公共事业。农业产业化不应该大力提倡。医疗和教育产业化也曾经成为口号，现在我们早知其偏颇。

  本课题的研究是在行动援助（中国）的资助下完成的，课题组成员和笔者对他们非常感谢，他们的体贴和耐心尤其令人感动。

刘海波
2017 年 6 月 30 日